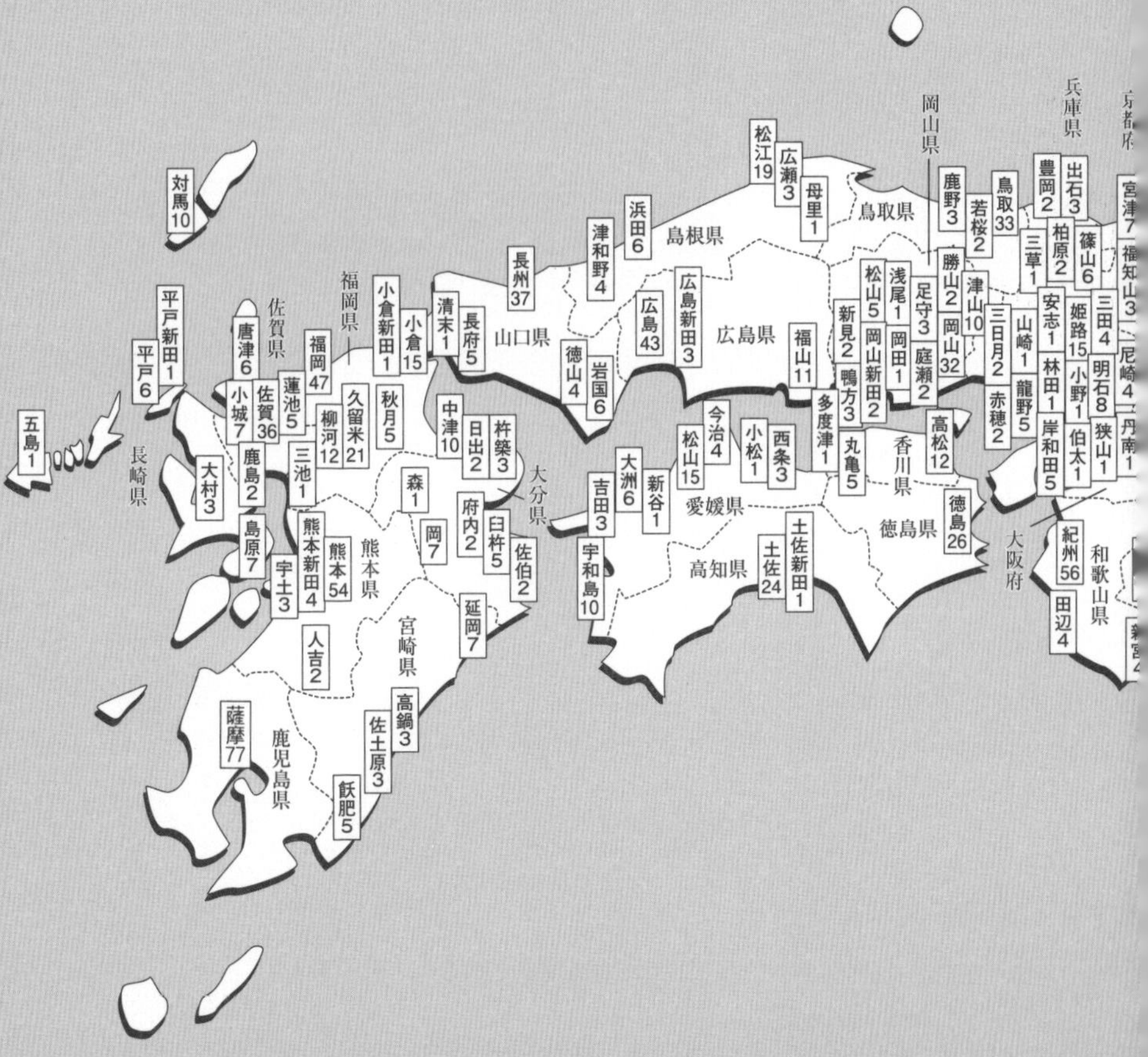
対馬 10
平戸新田 1
平戸 6
五島 1
長崎県
佐賀県
唐津 6
小城 7
佐賀 36
蓮池 5
鹿島 2
大村 3
島原 7
福岡県
福岡 47
柳河 12
久留米 21
三池 1
小倉新田 1
小倉 15
秋月 5
中津 10
日出 2
杵築 3
大分県
森 1
府内 2
臼杵 5
佐伯 2
岡 7
熊本新田 4
熊本 54
熊本県
宇土 3
人吉 2
延岡 7
宮崎県
高鍋 3
佐土原 3
飫肥 5
薩摩 77
鹿児島県
清末 1
長府 5
長州 37
山口県
津和野 4
浜田 6
島根県
松江 19
広瀬 3
母里 1
鳥取県
徳山 4
岩国 6
広島 43
広島新田 3
広島県
福山 11
岡山県
鹿野 3
若桜 2
鳥取 33
新見 2
松山 5
浅尾 1
足守 3
勝山 2
津山 10
岡田 1
岡山新田 2
庭瀬 2
岡山 32
鴨方 3
多度津 1
丸亀 5
香川県
高松 12
今治 4
松山 15
小松 1
西条 3
大洲 6
新谷 1
吉田 3
宇和島 10
愛媛県
高知県
土佐 24
土佐新田 1
徳島県
徳島 26
兵庫県
豊岡 2
出石 3
三草 1
柏原 2
篠山 6
宮津 7
福知山 3
三日月 2
山崎 1
安志 1
姫路 15
三田 4
尼崎 4
赤穂 2
龍野 5
林田 1
小野 1
明石 8
丹南 1
岸和田 5
伯太 1
狭山 1
大阪府
紀州 56
田辺 4
和歌山県

シリーズ藩物語

佐藤竜一……著

盛岡藩

現代書館

プロローグ

盛岡藩物語

盛岡藩の創設は、天正十八年（一五九〇）南部家二十六代当主・南部信直《のぶなお》（盛岡藩初代藩主）が豊臣秀吉の小田原攻めに参陣した結果、秀吉から南部七郡が本領安堵されたことにさかのぼる。

当時、信直は九戸政実《くのへまさざね》という難敵を身内に抱えていたが、翌年秀吉の加勢を得て政実を鎮圧（九戸政実の乱）し、盛岡藩の礎《いしずえ》が築かれた。

やがて秀吉が死去、徳川家康が幕府を開く時代を迎えるのだが、信直の跡を継いだ利直《としなお》（二代藩主）・重直《しげなお》（三代藩主）はそうした時勢によく対応し、三代将軍家光《いえみつ》からも本領安堵を得て、十万石に及ぶ版図を確立した。寛永十一年（一六三四）のことである。その地域は現在の岩手県を中心に、青森県・秋田県にもわたっているが、藩都が置かれた盛岡、南部家発祥と縁の深い八戸は特に栄えた。

藩という公国

江戸時代、日本には千に近い独立公国があった

江戸時代。徳川将軍家の下に、全国に三百諸侯《しょこう》★の大名家があった。ほかに寺領や社領、知行所《ちぎょうしょ》★をもつ旗本領《はたもとりょう》などを加えると数え切れないほどの独立公国があった。そのうち諸侯を何々家家中《けかちゅう》と称していた。家中は主君を中心に家臣が忠誠を誓い、強い連帯感で結びついていた。家臣の下には足軽《あしがる》層《そう》★がおり、全体の軍事力の維持と領民の統制をしていたのである。その家中を藩と後世の史家は呼んだ。

江戸時代に何々藩と公称することはまれで、明治以降の使用が多い。それは近代からみた江戸時代の大名の領域や支配機構を総称する歴史用語として使われた。その独立公国たる藩にはそれぞれ個性的な藩風《はんぷう》と自立した政治・経済・文化があった。幕藩体制とは歴史学者伊東多三郎《いとうたさぶろう》★氏の視点だが、まさに将軍家の諸侯の統制と各藩の地方分権が巧く組み合わされていた、連邦でもない奇妙な封建的国家体制であった。

今日に生き続ける藩意識

明治維新から百四十年以上経っているのに、今幕藩体制の強化に伴い、全国各地で藩の取り潰しが行われたが、盛岡藩もその危機に襲われた。寛文四年(一六六四)九月、三代南部重直が世子を定めずに没したため、藩内に騒動が起こったのである。家督を定めずに藩主が死去すれば取り潰される危険があったが、結果的に幕府の裁定で重直の弟の重信《しげのぶ》に八万石が与えられて本藩を相続するとともに、重信の弟の直房《なおふさ》には二万石が分け与えられ八戸藩として分離独立することになった（その後、重信が積極的に新田開発に努め、天和三年(一六八三)に十万石に復帰)。

　文化五年(一八〇八)には蝦夷警備の増強が幕府より求められた結果、二十万石へと表高が改められ、幕末を迎えることになる。慶応四年(一八六八)の戊辰戦争に当たり、「賊藩」とされた盛岡藩だが、明治三年(一八七〇)時の藩主・利恭《としゆき》は版籍奉還を願い出て、その歴史にピリオドが打たれた。

　なお、盛岡藩は、南部藩と呼ばれることも多い。南部藩の呼称には南部家大名の総称とする説、八戸藩が分離独立する以前の十万石を指すとする説もある。文化十四年(一八一七)には二十万石の南部藩が盛岡藩と名称変更を行っており、最近は盛岡藩と呼ぶのが一般的になっているため、本書は盛岡藩の呼称を用いた。

でも日本人に藩意識があるのはなぜだろうか。明治四年(一八七一)七月、明治新政府は廃藩置県《はいはんちけん》★を断行した。県を置いて、支配機構を変革し、今までの藩意識を改めようとしたのである。ところが、今でも、「あの人は薩摩藩の出身だ」とか、「我らは会津藩の出身だ」と言う。それは侍出身だけでなく、藩領出身も指しており、藩意識が県民意識をうわまわっているところさえある。むしろ、今でも藩対抗の意識が地方の歴史文化を動かしている。そう考えると、江戸時代に育まれた藩民意識が現代人にどのような影響を与え続けているのかを考える必要があるだろう。それは地方に住む人々の運命共同体としての藩の理性が今でも生きている証拠ではないかと思う。

　藩の理性は、藩風とか、藩是《はんぜ》とか、ひいては藩主の家風ともいうべき家訓などで表されていた。

（稲川明雄）

諸侯▼江戸時代の大名。

知行所▼江戸時代の旗本が知行として与えられた土地。

足軽層▼足軽・中間・小者など。

伊東多三郎▼近世藩政史研究家。東京大学史料編纂所所長を務めた。

廃藩置県▼藩体制を解体する明治政府の政治改革。廃藩により全国は三府三〇二県となった。同年末には統廃合により三府七二県となった。

シリーズ藩物語 盛岡藩

目次

これも盛岡

シリーズ藩物語

盛岡藩

奉納
おみくじ

桜山神社

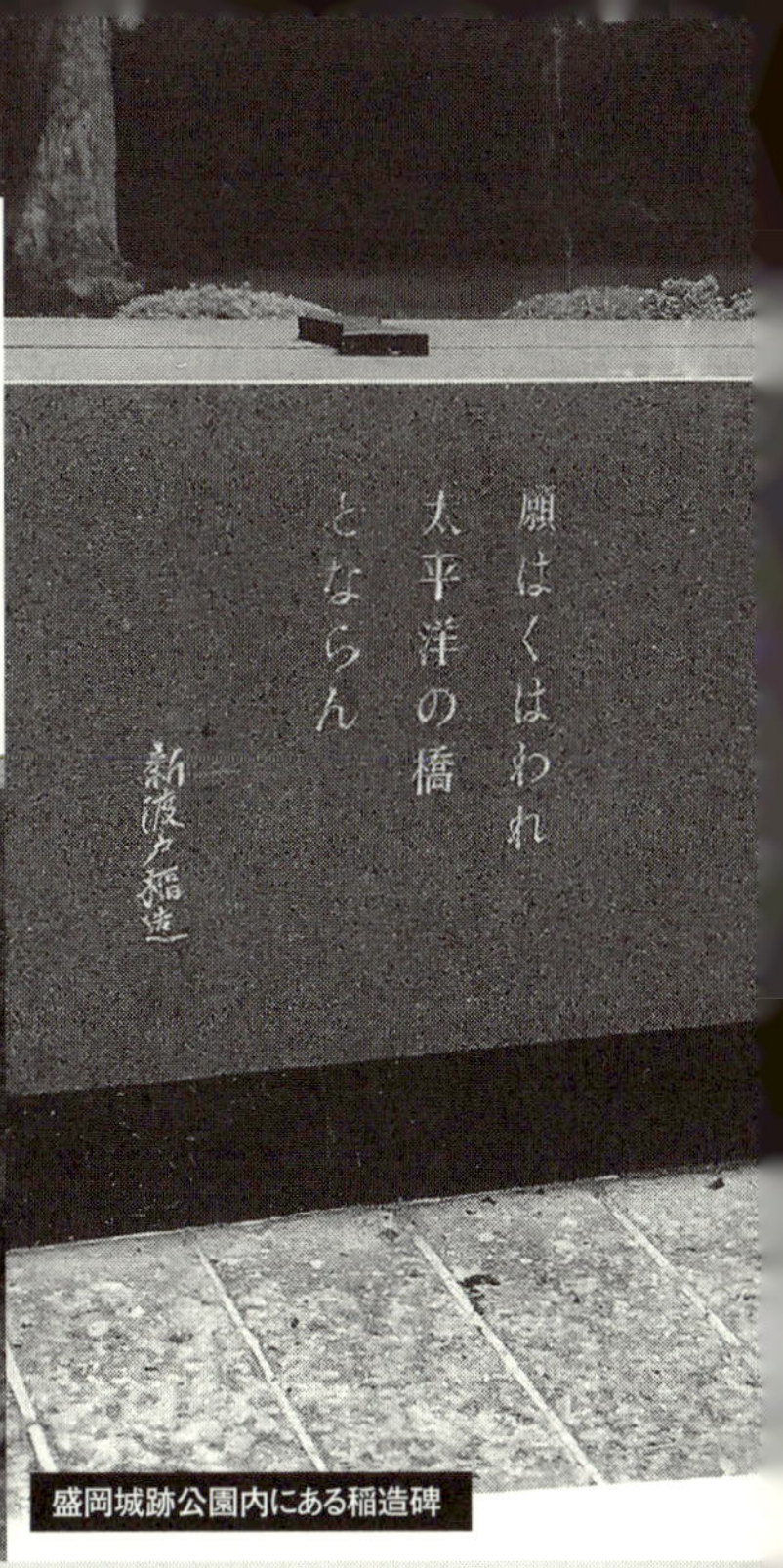

願はくはわれ
太平洋の橋
とならん
新渡戸稲造

盛岡城跡公園内にある稲造碑

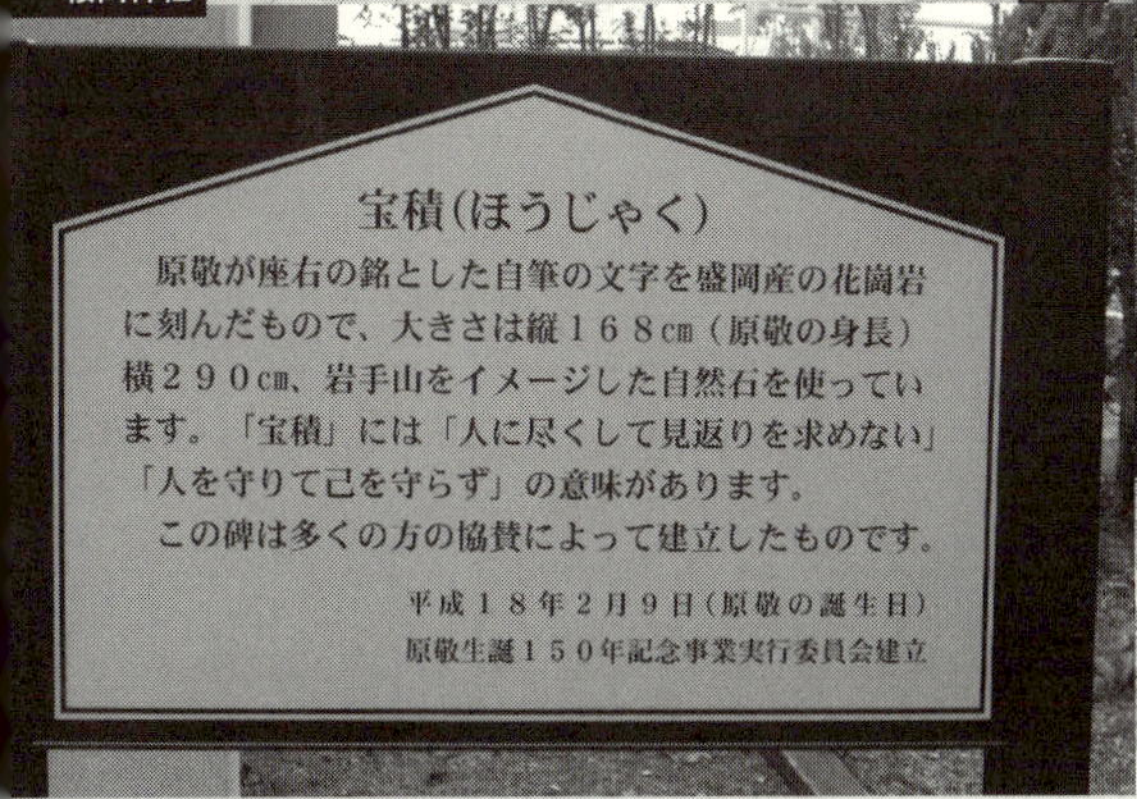

宝積（ほうじゃく）
原敬が座右の銘とした自筆の文字を盛岡産の花崗岩に刻んだもので、大きさは縦１６８㎝（原敬の身長）横２９０㎝、岩手山をイメージした自然石を使っています。「宝積」には「人に尽くして見返りを求めない」「人を守りて己を守らず」の意味があります。
この碑は多くの方の協賛によって建立したものです。
平成１８年２月９日（原敬の誕生日）
原敬生誕１５０年記念事業実行委員会建立

盛岡城跡公園より市内を望む

序……原敬の復讐

盛岡藩の家老の孫として生まれた原敬は、「賊軍」の悲哀を身をもって味わった。

原敬は汚名を雪ぐために、奮闘し、内閣総理大臣にまで上り詰める。

その二年前、政友会総裁となり「戊辰戦争殉難者五十年祭」を盛大に開催し、「復讐」にピリオドを打った。

戊辰戦争に敗れる

一八六八年九月八日、年号が慶応から明治へと変わったこの日、盛岡藩は佐竹氏の秋田藩と死闘を繰り広げていた。奥羽越列藩同盟に参加したあげく、同盟諸藩から、同盟を脱退した秋田藩を討つことを要請されての出兵だった。だが、このときすでに北越《ほくえつ》が薩摩《さつま》・長州《ちょうしゅう》を中心とする官軍の手に落ち、会津が壊滅、仙台の伊達も降伏していた。鳥羽《とば》・伏見《ふしみ》の戦いで始まった戊辰戦争は最終局面を迎えようとしていた。秋田戦争において当初は戦局を優位に進めていた盛岡藩だったが、やがて増強された官軍の攻勢に抗しきれなくなり、降伏を余儀なくされた。盛岡藩は「最後の賊藩」とされ、朝敵の屈辱を受けたのである。

このことは、それから以後長く尾をひいた。盛岡藩出身者は新政府の下では出世の道を閉ざされたし、「賊軍」という汚名を雪《すす》ぐことがひとつの目標となった。盛岡藩について語ろうとする場合、まずこの点を銘記する必要がある。

戊辰戦争殉難者五十年祭

盛岡藩出身者はそうした逆境をバネにして明治時代を生き抜くのであるが、その象徴的人物として原敬《はらたかし》（一八五六—一九二一）がいる。原敬は盛岡藩の家老・直記《なおき》の孫として生まれ大切に育てられたから、「賊軍」の悲哀を身をもって感じていたに違いない。

明治二年（一八六九）六月、原は尊敬していた主席家老・楢山佐渡《ならやまさど》が戦犯者として盛岡の報恩寺《ほうおんじ》で処刑される姿を自分の日に焼き付けるために、報恩寺の土塀の周りを涙を流しながら歩いたといわれている。原はそのとき、屈辱を晴らすことを心に誓ったのだ。

薩摩・長州などの藩閥政府との長い戦いの末に、原敬はついに内閣総理大臣にまで昇りつめるのであるが、その一歩手前で積年の怨みを晴らすときがやってきた。

大正六年（一九一七）九月八日、時の政友会総裁・原敬が事実上の祭主となり、報恩寺境内で戊辰戦争殉難者五十年祭が盛大に執り行われたのだ。盛岡藩が薩摩・長州を主軸とする官軍の近代兵器の前に敗退し、「最後の賊藩」として降伏したのは明治元年九月二十五日のことで、九月八日は慶応から明治へと改元された日である。

この日弔われたのは、盛岡藩の家老としてその責任を一身に背負い、報恩寺で切腹した楢山佐渡を筆頭とする盛岡藩の武士たちだ。この式典を挙行するに当たり、原敬は一カ月前の八月七日盛岡に帰り、姉の三十三回忌法要、盆の墓参り、園遊会などをしながら入念な準備を重ねてきた。

八月二十八日の『原敬日記』には、こう記されている。

風邪も一昨日にて熱全く去りたれば、兼て案内し置きたる通、本日例の通園遊会を開らき、千二十名ばかり案内せしに七百六七十名の来会者ありたり、午後三時に始め夕刻に終る。

維新の際南部藩士にて各地に於て戦死せし者、爾来有志者の祭典を営むものあり（旧桜山に建碑あり姓名を録せり）然れども永続困難にて近来は南部家に於て報恩寺にて毎年法事をなし来りたるも、今年は丁度五十年祭に当り、各藩に於ても夫々祭典を営むと云ふに付、先達より東京に於て青木正興より其話あり、帰県後も照井正名などより相談ありたるも、要するに現在の士族のみにては行はるべくもなきに因り、本日市助役（市長不在）関定孝を招き、費用三四百円もあらば実行出来得べきに因り余は差向百円を寄付すべし、之を基礎として市役所に於て其労を取らば左まで実行に困難もなかるべしと懇談し、関も快諾し本日より着々計画を進むる事となせり、当時餓死したる者は固より主家の為めに死を致せし者なり、又当時誰も皇室に弓を引く考なく、所謂真の勤王なりとて奥羽同盟せしものなれば、今日に於て其祭典を営むは彼等の霊を慰むるのみならず又風教の一端ともならんかと思ふ。

家老・加判役という名門に生まれた原敬の人生は、ほかの盛岡藩出身者と同様に苦闘の連続だった。いつか薩摩・長州を見返してやろうという反骨精神に縁どられていた、といってもよい。それゆえに、薩摩・長州の藩閥政治の中に食い込み、自らが国権の最高ポストである総理大臣に近づいたとき、そ

原敬生家（左）と
鎌倉腰越別荘の
書斎（右）

の復讐が終わりを告げたと思ったに違いない。その思いは次の祭文からも読み取ることができる。

同志相謀り旧南部藩戊辰殉難者五十年祭本日を以て挙行せらる、顧るに昔日も亦今日の如く国民誰か朝廷に弓を引く者あらんや、戊辰戦役は政見の異同のみ、当時勝てば官軍負くれば賊との俗謡あり、其真相を語るものなり、今や国民聖明の沢に浴し此事実天下に明かなり、諸氏以て瞑すべし、余偶々郷に在り此祭典に列するの栄を荷ふ、乃ち赤誠を披瀝して諸氏の霊に告ぐ

大正六年九月八日

旧藩の一人　原　敬

「戊辰戦役は政見の異同のみ」という箇所に、原敬の気概が感じ取れる。「旧藩の一人」と敢えて署名した点にも注目したい。原敬は翌年内閣総理大臣となり、大正十年十一月四日兇刃に倒れ生涯を終えるが、盛岡藩の末裔としての意識は消えることがなかった。

薩摩・長州の権力者が「白河以北一山百文」と東北を蔑んだが、俳句をよくした原は号をあえて「一山」とした。身分が高い家老の家系に生まれながら、爵位《しゃくい》を拒み続け、「平民宰相」として全うした。それは低い身分から成り上がり栄爵にとびついた藩閥政府の人々に対する反骨の表れといえる。内閣総理大臣となった原は、初の政党内閣として全国の鉄道網を整備し、国会議事堂を建設したり、中等教育を充実させるなど従来の藩閥政府ではなしえなかった民主政治を実現させたが、終始郷土の振興にも力を尽くした。

岩手県立図書館建設に多額の寄付をするなど、総理大臣・原敬の恩恵は地域に注がれたが、特記したいのは『南部史要』の刊行である。花巻出身の秘書・菊池悟朗《きくちごろう》を編纂責任者として原敬が発行に尽力した『南部史要』は「七百年四十一代」の南部家の記録であるが、盛岡藩の歴史を顧みるのに格好の通史となっている。『原敬日記』には『南部史要』をめぐるふたりのやりとりが記載されているが、南部家が所蔵していた多数の書物を参照して完成した労作で、幾多の危機を乗り越えて存続し続けた南部家の歴史の重みともいうべきものを感じとれるとともに、原敬の盛岡藩に寄せた並々ならぬ愛情をも示しているのである。

本書もこの原敬の遺産に大いに助けられていることを付け加えておきたい。

第一章 南部氏のおこり

南部氏は平泉の藤原氏を討伐した戦功により、奥州へ移住した。

① 鎌倉・室町時代の南部氏

盛岡藩主南部氏の遠祖は甲斐源氏の一族で、初め甲斐国に住した。後、平泉の藤原氏を討伐した戦功により奥州へ移住した。奥州では馬産を奨励し、次第に地歩を固めていった。

南部氏の始祖・南部光行

盛岡藩主である南部氏は、七百年以上の歴史をもつ由緒ある家系である。そのおこりは、鎌倉時代にまでさかのぼる。始祖である南部光行《みつゆき》〈一一六五(?)〜一二三六(?)〉は元々、源頼朝《みなもとのよりとも》に仕え、甲斐国巨摩《くま》郡南部郷の領主である。いわゆる甲斐源氏《かいげんじ》の一族であり、波木井郡の牧監（馬政官）をしていた。

光行は、頼朝の命を受け平泉攻略に従い藤原泰衡《やすひら》を討伐した。その戦功によって奥州糠部《ぬかのぶ》五郡を拝領したとされている。

藤原氏は平泉を都として絢爛たる文化を築いたが、頼朝に滅ぼされた。南部氏は工藤氏、葛西氏、阿曾沼《あそぬま》氏などとともに、奥州に移住することとなった。

南部光行が領地とした糠部五郡がどこを指すのかは定説がない。現在の三戸・八戸地方一帯と推定されている。古代陸奥国《むつのくに》は大和朝廷からは「辺要《へんよう》」とも称せられ、政治支配の及ばない地域であった。また、道の奥ともいわれてきたが、馬産地として著名であった。

源氏と平氏とが争う時代となり、兵器としての馬の価値はいよいよ高まっていった。この地方に君臨していた豪族・安倍《あべ》氏によりやがて騎馬軍団が形成されている。

その後支配した藤原氏はさらに騎馬戦術を発展させ、馬産の改良も進み、南部氏が移り住む頃には名馬が輩出するようになっていたのである。頼朝は騎兵が重要なことを熟知しており、それゆえに、牧監として馬の育成に実績のあった南部氏を糠部五郡に配置したといわれている。この地方を鎌倉幕府の軍馬供給地にしようという意図もあったらしい。元々この地方は寒冷で、稲作には適さない。

馬産を奨励

南部光行は名馬育成に力を注ぎ、この地の最適な産業として馬産を徹底させた。森林に生息していた土着馬と高原で育成してきた甲斐馬とを交配させることで、やがて「南部馬」がつくり出されることになる。

南部馬の評価は江戸時代になっても高く、盛岡藩では毎年将軍へ献上したほか、幕閣や諸大名への贈り物とした。政治的かつ経済的に馬を利用することで、盛岡

南部光行肖像
〔『南部家の名宝』（盛岡市中央公民館）より〕

藩は自らの存立を維持したのである。

南部師行が糠部郡に定着

糠部五郡を領地とした南部氏だが、鎌倉時代から室町時代へと時が巡ると政争の影響を一段と受けることになる。

元弘三年(一三三三)、後醍醐天皇《ごだいごてんのう》により鎌倉幕府は滅びた。後醍醐天皇は北畠《きたばたけ》顕家《あきいえ》を陸奥守に任じて、奥羽を経営させた。多賀城の国府に入った北畠顕家は南部師行《もろゆき》を国代として糠部郡に派遣、北奥州の鎮定に当たらせた。

南部師行が八戸根城《ねじょう》を根拠地としたことにより南部氏が糠部郡に定着するようになったといわれている。師行は八戸南部氏の祖とされる。

だが、後醍醐天皇によって行われた建武中興に反対した足利尊氏《あしかがたかうじ》は建武二年(一三三五)、斯波高経《しわたかつね》の子・家長《いえなが》を奥州管領として斯波郡(現岩手県紫波郡)に下向させ、その結果、奥州では朝廷方の北畠顕家と足利方の斯波家長が対立するようになった。北畠顕家は尊氏追討の命を受け、多賀城より奥州軍を率いて南下した。顕家は鎌倉を落とし、さらに尊氏を追って京都に向かった。延元元年(一三三六)、西国に逃げていた尊氏は再び京都に入り、北朝の天皇を擁立した。

一方の後醍醐天皇は「三種の神器」を奉じて吉野に行幸し、正統性を主張した。

南北朝時代の到来となり、全国の豪族は南朝方と北朝方に分かれ、対立するようになった。南北朝の対立は時代が下るにつれ、北朝方が優位になっていった。正平七年(一三五二)、顕家が攻略した多賀城は北朝方によって奪い返された。

だが、八戸南部氏★は師行の跡を継いだ政長《まさなが》、その子の信政《のぶまさ》・政持《まさもち》・信助《のぶすけ》の時代になっても南朝方のために尽力した。やがて、室町幕府が成立し、奥州では斯波氏が将軍家の一族として権限をもつようになった。

三戸南部氏が岩手郡に進出

南北朝が統一されると、南朝方についた八戸南部氏の勢力は衰えた。替わって勢いが盛んとなったのが、北朝方についた三戸南部氏★であった。三戸南部氏は岩手郡に進出し、斯波郡を支配していた斯波氏と対立するようになる。この点に南部氏が七百年以上にわたり存続した秘密があるような気がする。血が絶えないように、一族を敵と味方に分散させる知恵が南部氏にあったのかもしれない。

戦国時代となり、三戸南部氏と斯波氏との対立はいっそう激しくなった。天正元年(一五七三)、将軍足利義昭が織田信長に京都を追われ、室町幕府が滅んだ。両氏の一進一退の攻防に決着がつけられ、室町幕府という後ろ盾を失った斯波氏の勢力が急速に衰えることになった。

▼八戸南部氏
八戸根城を本拠地とした南部氏。

▼三戸南部氏
三戸城（青森県三戸郡三戸町）を本拠地とした南部氏。

② 安土・桃山時代の南部氏

南部氏二十六代を継いだ信直は奥州で台頭してきた。
宿敵・九戸政実を破るため、天下人・豊臣秀吉に援軍を求めた。
信直はやがて、近世大名として盛岡藩の基礎を築いた。

南部信直の登場

斯波氏は南部氏によって滅ぼされることになるのだが、その主役となったのが南部信直《のぶなお》である。戦国時代が下るにつれ、群雄割拠の時代は終わりを告げ、その中から織田信長が先頭を走り、天下の統一に向けての動きが活発化していった。

その頃に奥州で台頭してきたのが南部信直である。信直は幼名を亀九郎《かめくろう》といい、天文十五年(一五四六)石川高信《いしかわたかのぶ》の子として岩手郡一方井《いっかたい》村に生まれた。後に三戸田子《たっこ》館に移り、田子九郎と称した。天正十年(一五八二)一月、南部氏二十四代晴政が逝去した。一月二十日には世子として二十五代となった晴継《はるつぐ》が賊に殺害される事態が生じた。

だれが二十六代となるかをめぐって家中に紛争が起こったが、重臣であった北《きた》信愛《のぶちか》の主張が通り、信直が二十六代となることが決定され、三戸城（青森県三戸郡三戸町）に迎えられたのである。そのことをめぐっては、以下の背景があった。
信直の父・石川高信は晴政《はるまさ》の叔父で、津軽の郡代として石川城にいてたびたび起こった津軽郡の反乱を鎮圧、「南部の鬼神」と畏敬されていた。晴政を支え、信望も高かった。元々晴政には女の子ばかりしか生まれなかったので、長女の婿として信直を迎え、家督を相続させることが半ば決まっていた。

だが、やがて晴政に男の子が生まれ、その子が成長するにつれて自身の嫡子に南部家を相続させようと心変わりするようになっていった。高信が亡くなり、晴継は晴政の後継者として正式に指名された。とはいえ、跡を継いだときわずか十三歳だったといわれており、乱世の時代に南部一門を果たして統率できるのかと危ぶむ声も多かったとされる。そのため、跡を継いでまもなく殺されたのは、信《のぶ》直《なお》かあるいはライバルである九戸政実《くのへまさざね》の手にかかったのではないかといわれた。

信直は盛岡藩の基礎を築いた。天正十四年（一五八六）、信直は雫石《しずくいし》城を落としたのを契機に次第に斯波氏についていた諸氏を従えるようになり、十六年斯波詮《しわあき》真《ざね》・詮直《あきなお》父子を志和に追い出すことに成功、やがて斯波氏は滅亡した。

九戸政実との対立

だが、信直には身内に難敵がいた。九戸党の実力者・九戸政実である。九戸政

第二十六代大膳大夫信直者晴
政舎弟高信之嫡男也晴継依
早世嗣其家壽五十五歳而卒
第二十七代信濃守利直者信
直之嫡男也壽五十七歳而
卒去

南部信直肖像
（『南部家の名宝』（盛岡市中央公民館）より）

奥州仕置後の南部信直所領

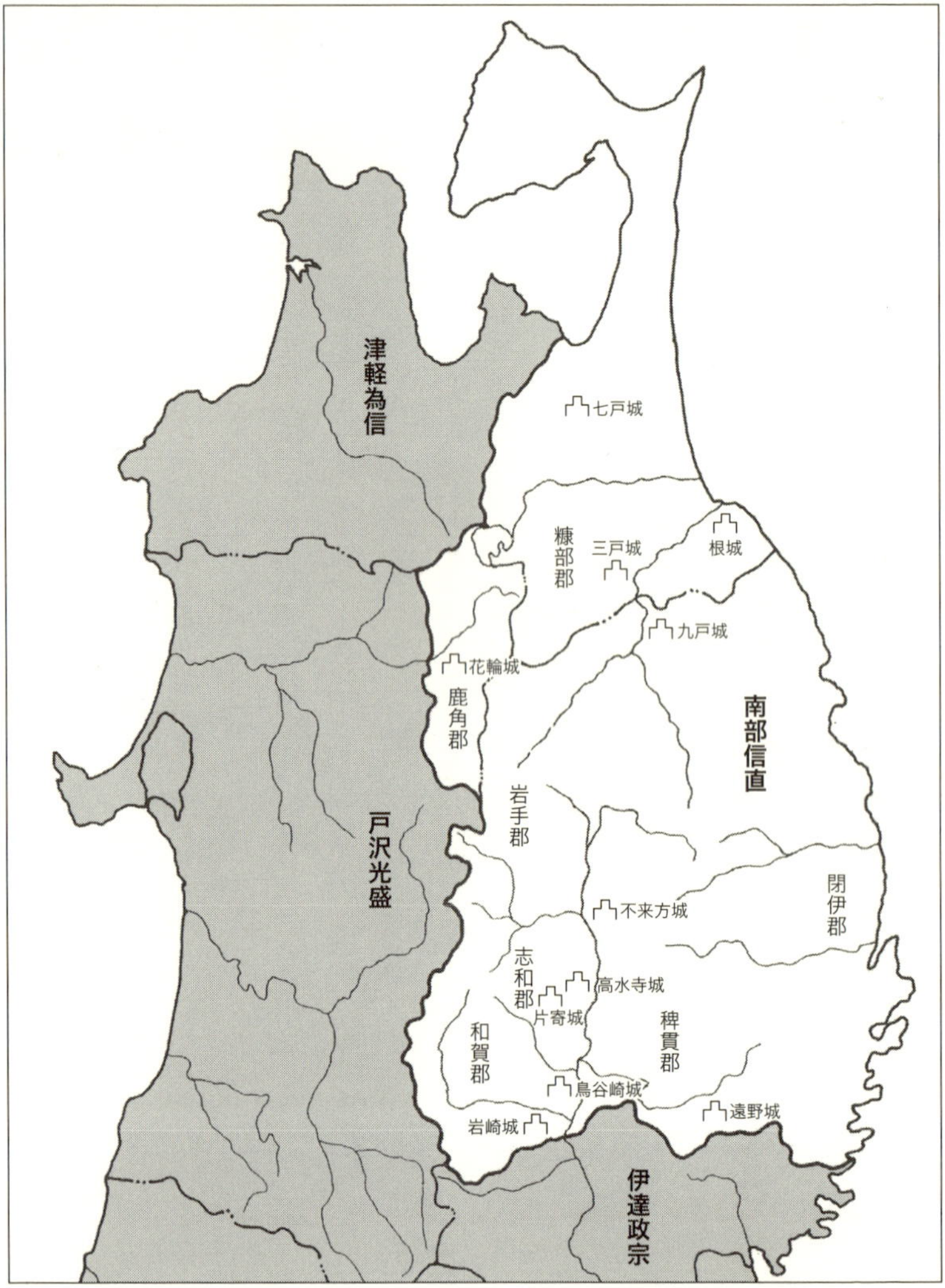

〔『盛岡城下の街づくり』（盛岡市中央公民館）より〕

実は二十六代を継承するにあたり対立していた人物で、二戸《にのへ》・九戸《くのへ》地方を本拠地として勢力を維持していた。

むしろ、後継問題では途中まで、九戸政実のほうが優位であったとされ、政実も自分こそが南部一門を統率するのだという野心を抱いていた。南部家二十六代には九戸政実を立てようとする意見が多かったが、北信愛が「田子九郎は嘗て先君の養ひて世子とせるところにして、家系正しく且つ国君の器なり、これを措《さしお》いて誰をか立つべきと」(『南部史要』)と強力に信直を後押ししたいきさつがあったのである。

時代は織田信長から豊臣秀吉の時代に移っていた。そのことを敏感に察知していた信直は天正十五年(一五八七)二月十日北信愛を派遣、北陸に君臨していた前《まえ》田利家《だとしいえ》を介して秀吉に本領安堵を乞うている。秀吉がやがて天下をとることを見込んで、接近したのである。

その際に信直は、前田利家に鷹三一羽を贈っている。諸国が混乱の最中にあり、北信愛が金沢に到着したときは四月二日になっていた。利家は危険を冒して信愛がやって来たことを喜び、そのとき島津討伐で九州にいた秀吉に使者を出し、朱印★を秀吉からもらえるように手はずを整えている。その結果、信直は秀吉から朱印状をもらうことができた。同年八月、「公従五位下に叙し大膳大夫《だいぜんだいぶ》に任ず」(『南部史要』)。その見返りの意味があるのか、翌年秀吉の使者がやって来て、馬

▼朱印
領国支配の公認。

を求めた。信直は駿馬一〇頭を献じている。

天正十八年（一五九〇）、秀吉により小田原討伐が行われた。このときも信直は北条攻めに参戦、秀吉に謁見《えっけん》している。天下とりを目指す秀吉は、抵抗していた北条氏を討つために、諸国の大名に参陣を命令した。信直は側近である南部政栄に留守を託し、駆けつけたのである。

このことで、秀吉から正式に「南部内七郡」の本領安堵を受けることができた。七郡とは岩手《いわて》、鹿角《かづの》、閉伊《へい》、糠部《ぬかのぶ》、志和《しわ》、久慈《くじ》、遠野《とおの》のことを指しているといわれているが、異説[注]もある。なお、本領安堵を示した朱印状には、妻子を人質として京都に滞在させること、知行のための検地を実施すること、家中の者の城をことごとく破却することなども記載されていた。違背したら成敗するという命令である。一方、小田原討伐に参戦しなかった葛西《かさい》、大崎《おおさき》、和賀《わが》、稗貫《ひえぬき》の各氏は所領を没収の上、追放されている。いわゆる奥州仕置である。

秀吉に援軍を求め、九戸政実を破る

その処置に不満の諸氏が各地で反乱した。その反乱に乗じて、兵を起こしたのが九戸政実である。政実は強敵である。信直の力だけでは、打ち破ることは不可能だ。信直は秀吉に援軍を求めた。

注：異説
①岩手、鹿角、閉伊、北、三戸、二戸、九戸とする説。
②岩手、鹿角、閉伊、糠部、志和、稗貫、和賀とする説があるが、細井計氏は本文で紹介した遠藤巌氏の説が広く支持されるようになりつつあるとしている（細井計編『東北史を読み直す』吉川弘文館）。

秀吉にとって、この戦いは天下統一に向けての総仕上げの意味があった。天正十九年(一五九一)八月二十七日、蒲生氏郷《がもううじさと》・浅野長政《あさのながまさ》に率いられた六万余の軍勢が押し寄せてきた。対する九戸政実の軍勢は五千に過ぎなかった。九戸城を根城にして政実は奮戦したが、八日間で敗北した。

投降した九戸政実らの首脳は形式的な取り調べを受けた後、京都二条河原で晒らし首にされた。九戸政実が根城とした九戸城はやがて、蒲生氏郷によって改修され、福岡城と改称された。後に、信直は盛岡城の築城に着手するが、その間福岡城を居城とし、最期も福岡城で迎えることになった。

津軽為信との確執

話は前後するが、信直にとっては大浦《おおうら》(後の津軽)為信《ためのぶ》の造反が心残りだったろう。二十六代の継承問題に端を発して九戸政実と対立していたほか、信直は鹿角の周辺でも苦境に立たされていた。元々、津軽は南北朝の争乱の頃、南部氏に帰属した地域であった。

その後、たびたび南部氏から独立しようとしたが、そのたびに失敗して目的を果たせないでいた。

そこに登場したのが、大浦城を根拠地とした為信である。為信は着々と津軽領

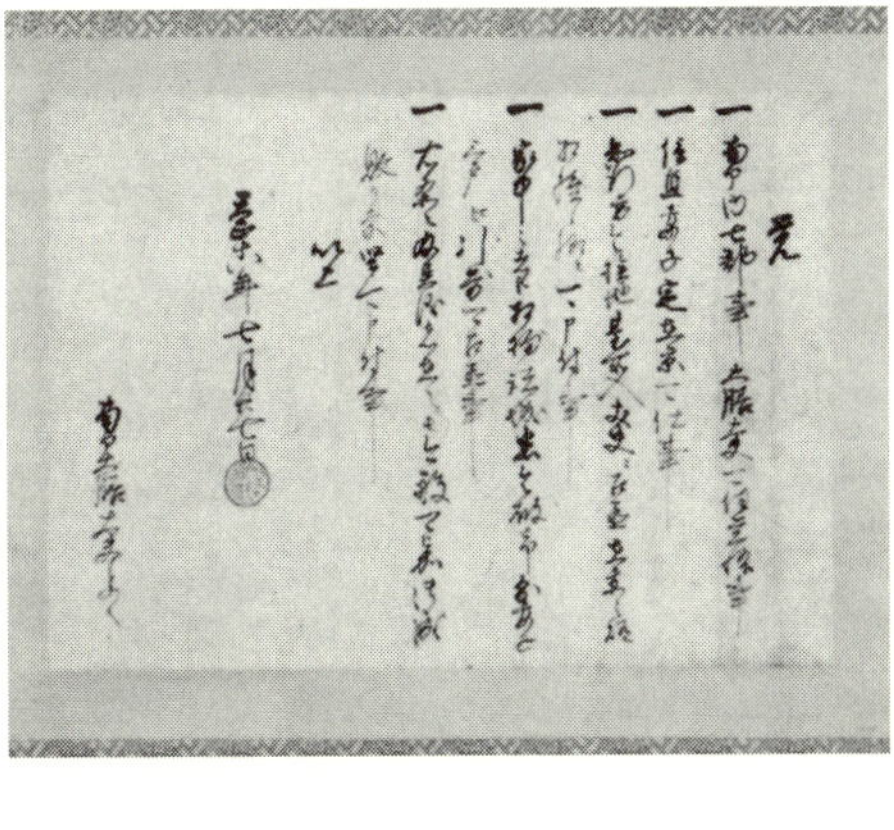

豊臣秀吉から南部信直に交付された朱印状
〔『盛岡の文化財』(盛岡市教育委員会)より〕

内の人心声望を集め、地歩を固めていた。信直《のぶなお》が岩手・志和に出陣している間隙をぬう形で、津軽に兵を挙げて南部氏が支配していた郡代の居城である浪岡《なみおか》城をまず攻め、南部氏に離反して独立し、やがて津軽一円を手中に収めるに至ったのである。

為信は九戸政実とも通じており、勢力が強く、信直にとっては油断のならない敵となった。

為信も機を見るに敏であった。天下人秀吉に取り入り、津軽郡の安堵を逸速く受けてしまったので手は出せない。

才気に富んだ為信は、秀吉の朱印状を得られないと独立した保証が得られないと判断し、使者を派遣し京都の近衛家を介して朱印状を受けることに成功した。以後、為信は津軽《つがる》右京亮《うきょうのすけ》と称するようになる。

南部氏にとっては津軽を失うという代償を払ったが、九戸政実の乱での勝利により、豊臣秀吉の政権下で大名として生き延びることができた。南部氏にとって津軽はかつての領土という意識が高く、その後は津軽藩を仇敵視する関係が長く続く。関係の悪さは江戸時代末期、盛岡藩士・相馬大作《そうまだいさく》が津軽藩主を討とうとした相馬大作事件が発覚するに及び、広く世間が知るところとなるのである。

これも盛岡

相馬事件簿

南部の赤穂浪士―相馬大作事件

盛岡藩は、信直《のぶなお》の時代から津軽藩とは反目を続けていた。それが形となって現れたのが、文政四年(一八二一)に起こった相馬大作《そうまだいさく》事件である。十二代藩主・利用《としもち》のとき、盛岡藩士・相馬大作が秋田領矢立峠で津軽藩主・津《つ》軽寧親《がるやすちか》を待ち伏せて狙撃しようとした事件であるが、未遂に終わった。一緒に事に及ぼうとした従僕が津軽藩に内通したためである。

相馬大作の本名は、下斗米秀之進将真《しもどまいひでのしんまさざね》。寛政元年(一七八九)に福岡(岩手県二戸市)で生まれたが、文化三年(一八〇六)に江戸に出た。武術を修めるためである。翌年、平山行蔵《ひらやまこうぞう》の門人となり、門人四傑のひとりに数えられたという。父親の病気を機に、やがて帰郷した。帰郷してからは、道場を開き、後進の育成に力を注いだ。

大作に理解を示していた第十一代藩主・利《とし》敬《たか》は、江戸城内での席次が津軽藩主の下にあった。そのことを気に病んで死去した利敬の無念は、大作の心をとらえた。盛岡藩からすれば、元々津軽はかつての領地で、津軽氏は家臣であったからおもしろくない。秀之進将真はこの恨みを晴らそうと、津軽藩主の襲撃を計画したのである。

だが、事前に計画が漏れ、失敗に終わった。秀之進将真は相馬大作と名前を変え江戸で道場を開くが、津軽藩の探索が激しく、やがて捕らえられた。文政五年八月、千住小塚原の刑場で処刑。享年三十四歳。津軽藩主はそれでも枕を高くして眠ることができず、大作の子供や甥までも亡きものにしようとしたという。そのふたりの子供は追っ手を逃れ、仏門に入ったと伝えられている。しかし、この事件によって津軽寧親は隠居に追い込まれたので、結果的に秀之進の目的は達せられた。

現在、盛岡市南仙北にある感恩寺《かんおんじ》境内には相馬大作の顕彰碑が残っている。

元々、感恩寺は嘉永五年(一八五二)、相馬大作の長子・英穏院日淳上人《えいおんいんにちじゅんしょうにん》を願主に創建された。新寺院の創設を幕府は禁じており、廃寺再興の名目で開かれたが、実質的には相馬大作の菩提所の役割を担ってきたといわれている。明治二十四年(一八九一)に建てられた総高六メートルほどの顕彰碑は地元の老舗菓子商や教員らによって建立されたものである。相馬大作は「南部の赤穂浪士」と呼ばれ、後に人々の感動を誘った。水戸藩の藤田東湖撰・吉田松陰書の『下斗米将真伝』が残されている。

境内に建つ相馬大作の顕彰碑

これも盛岡

南部家系譜

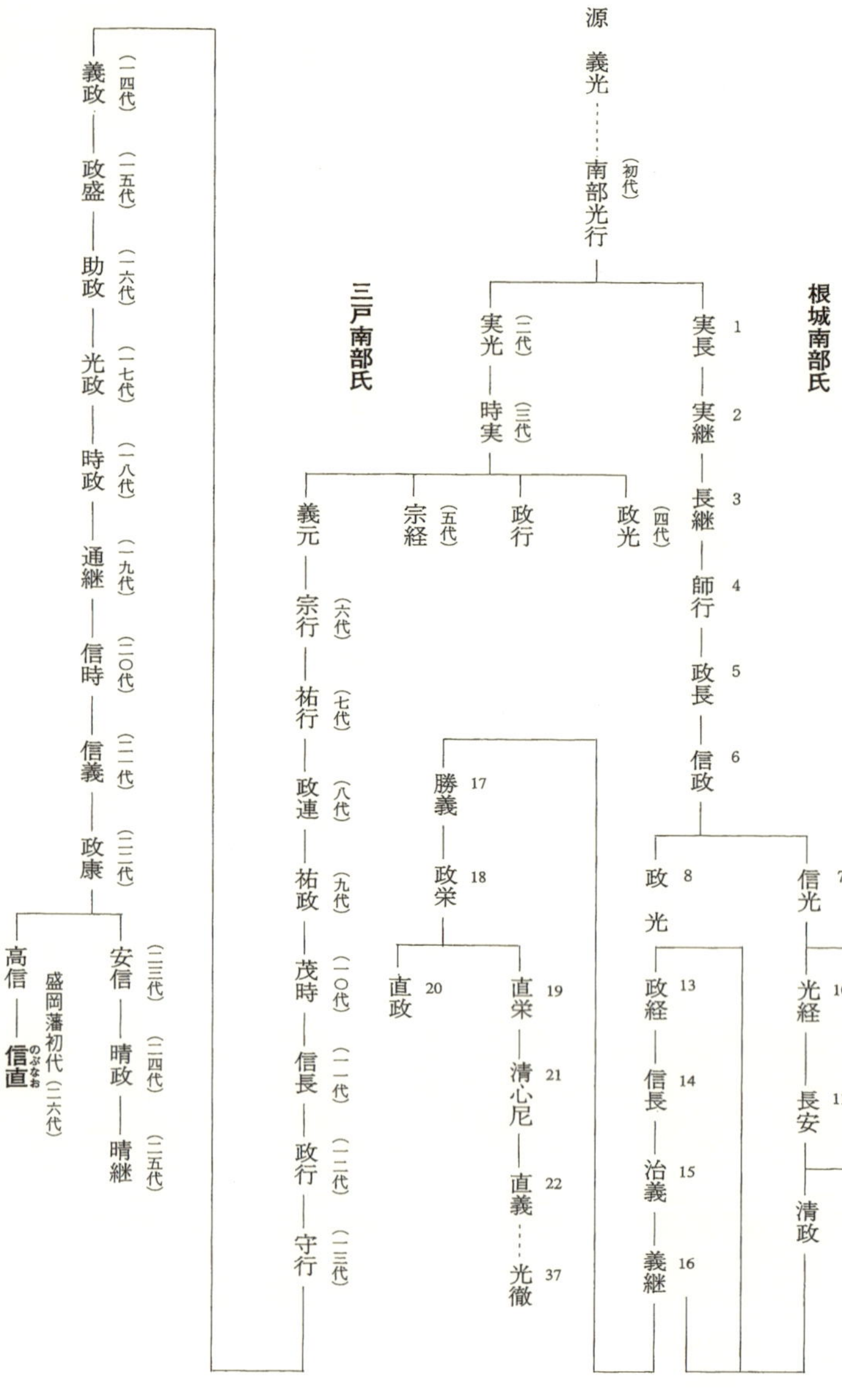

源
義光
（初代）南部光行
根城南部氏
1 実長
2 実継
3 長継
4 師行
5 政長
6 信政
7 信光
8 政光
10 光経
長経
11 長安
清政
守清
13 政経
14 信長
15 治義
16 義継
三戸南部氏
（二代）実光
（三代）時実
（四代）政光
政行
（五代）宗経
義元
（六代）宗行
（七代）祐行
（八代）政連
（九代）祐政
（一〇代）茂時
（一一代）信長
（一二代）政行
（一三代）守行
17 勝義
18 政栄
19 直栄
20 直政
21 清心尼
22 直義
37 光徹
（一四代）義政
（一五代）政盛
（一六代）助政
（一七代）光政
（一八代）時政
（一九代）通継
（二〇代）信時
（二一代）信義
（二二代）政康
（二三代）安信
（二四代）晴政
（二五代）晴継
高信
信直《のぶなお》
盛岡藩初代（二六代）

第二章 盛岡城の築城と藩政の安定

盛岡藩は、利直を経て、重直の時代に安定期を迎えた。

1 盛岡城の築城

盛岡藩の領土が南へ拡大しているため、不来方（盛岡の古名）に築城することになった。築城は大坂城をモデルにして、信直の時代に開始された。信直の跡を継いだ利直は、用水路を完成させるとともに、盛岡を情緒あふれる城下町にするために腐心した。

不来方を盛岡と改名

天正十八年（一五九〇）、信直は豊臣秀吉から「南部内七郡」の所領を安堵された。翌天正十九年に和賀《わが》、稗貫《ひえぬき》の二郡が新たに加わり、領土が南に拡大している以上、軍事的拠点としてみると従来の三戸城（青森県三戸郡三戸町）では北に偏りすぎてもいる。ここで浮上してきたのが不来方《こずかた》（盛岡の古名）に築城する構想である。

もはや、山城の時代ではない。政治・経済という観点を踏まえた平山城を築城し、民心の安定を得る必要もあった。

天正十九年の九戸政実の乱で活躍した浅野長政が乱を鎮定しての帰途、不来方の地を見分し、ここに城を築いてはどうかと勧めたことが発端となった。だが、一万人を超える家臣団や家族、寺社などを集住させる都市を新たに営むのは大事業だ。信直の生きている時代には実現できず、嫡子の利直《としなお》を経て、重直《しげなお》の時代にやっと築城の事業は完成する。

文禄元年（一五九二）、秀吉の命により領内の城館の破却が行われた。破却された城館は三六城、存置されたのは一二城にとどまった。

翌年、朝鮮出兵のため名護屋《なごや》に滞陣中、信直は秀吉に不来方への築城許可を求めたといわれており、この頃から内々に不来方築城が始まったと推定される。

なお、この年、不来方を改めて、盛岡と名づけた。不来方は城の地名としてはふさわしくなく、「盛る岡」の意味が込められたのだという。

盛岡城の築城を開始

文禄二年（一五九三）十一月十六日、信直は徳川家康とともに名護屋を去って帰国しているが、家康はこのとき南部領が駿馬や逸鷹★を産するのを聞いて使者を派遣して馬や鷹を求めている。

信直はその求めに応じている。後に幕府を開く家康の力量を見抜いていたに違いない。

信長、秀吉、家康と時の実力者に信直は無難な対応をしている。こういった細心さが南部一族の生き延びる原動力となった。信直が南部家中興の祖といわれるゆえんである。

▼逸鷹
すぐれた鷹。

信直は九戸政実の実弟の中野吉兵衛《なかのきちべえ》を重用するなど、九戸政実の乱を起こした側に対しても寛容な姿勢を貫いた。機を見るに敏で、人間味も備えており、それが配下を引き付けたのである。やがて、正式に信直は不来方への築城を決定した。それに伴い、同地に代々居住していた、南部氏の被官★だった福士氏は滝沢村鵜飼《うかい》郷に移り、鵜飼氏を名乗ることになった。

▼被官　家臣。

盛岡城がいつから築かれたかについては諸説がある。細井計氏は、慶長三年（一五九八）三月十五日、信直は秀吉が開催した醍醐《だいご》観桜の宴に参加しているが、この際に盛岡城築城が両者の間で話題に上っており、築城開始が同年であるとしている（細井計編『東北史を読み直す』吉川弘文館）。

天下統一を成し遂げた秀吉には死期が迫ってきており、同年八月十八日六十三歳で逝去した。盛岡藩祖・信直にも死期が迫ってきていた。翌年の上洛は発病によって免除となっている。三月には盛岡城普請《ふしん》が一応出来上がっており、信直は盛岡城への居住を開始している。

だが、この年の秋には容体が悪化し、福岡城に転住して養生に努めたが、十月五日、福岡城で没した。波乱に富んだ五十四年の生涯であった。

大坂城がモデル

盛岡城は北上川、中津川が合流してできた狭隘な花崗岩《かこうがん》大地上に構築された平《ひら》山城《やましろ》★である。要害の地だが、付近は湿地や沼が多く、その上洪水にも脅かされたため、設営には多大の時間を必要とした。モデルにしたのは秀吉時代の大坂城である。これは共に河川に向かい突出した丘陵や台地に立地しているなどの共通点があったためである。

盛岡城は地元に産する豊富な花崗岩を使って基礎を造り、北上川、中津川を外濠として利用するという軍事的・経済的に優れた計画だったが、湿地が多いためまず、水を抜く必要があった。湿地の中心である高松沼に堤を造り、大きな堰を二本通した後整地をしたうえで築城が開始された。

築城に当たっては、大奉行五人衆の下で工事が行われたが、日々二千人以上が工事に従事したといわれる。

築城工事は難航した。たびたび引き起こされる水害のため、利直は三戸城や福岡城に再三にわたって退去しなければならなかった。

そうした苦難を経て盛岡城の整備は次第に進み、利直が寛永九年(一六三二)に逝去した後に三代藩主重直が誕生した翌年、盛岡城はついに完成した。重直はここを居城とすることを決定した。

以後、火災で一時郡山城(岩手県紫波郡紫波町)に仮居することもあったが、盛岡城は明治維新まで盛岡藩の中枢として機能し続けた。

▼平山城
城郭の地形による分野法で丘に築かれた城。

盛岡城（上）と大坂城の比較図

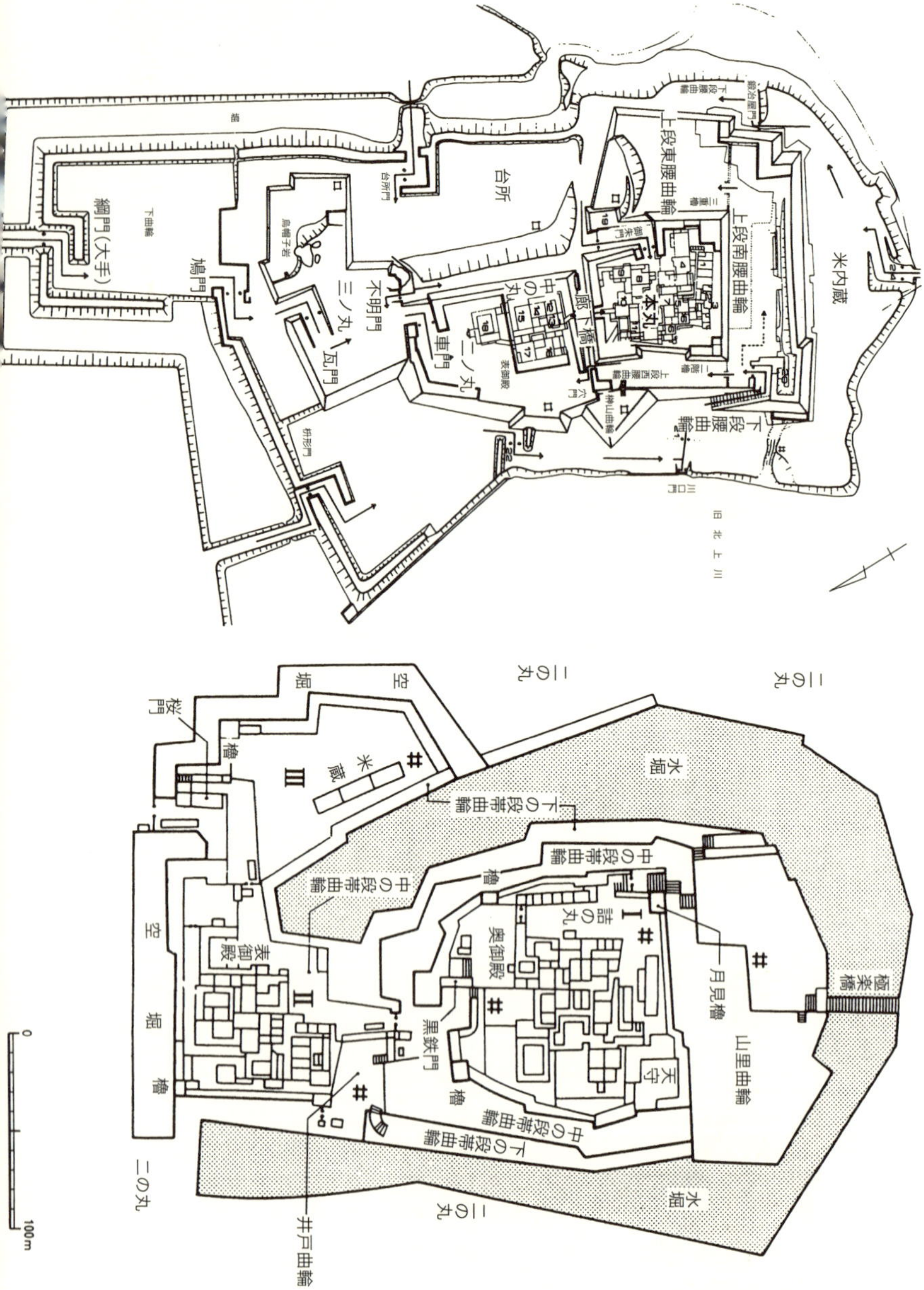

〔『盛岡城下の街づくり』（盛岡市中央公民館）より〕

用水路が完成し、石高が増加

また、多くの家臣やその家族、商人、職人などが住む城下町を築くためには、近郊で米などの農産物が作られ、すぐに入手できることが必要だった。広い荒れ地や畑を水田に変えるための用水路の建設が検討されたが、信直の嫡子で城づくりの実務を取り仕切った利直は、近江の人といわれる釜津田甚六《かまつだじんろく》の土木工事の力量を認めて鹿妻穴堰《かづまあなせき》の着工を命じた。工事は慶長二年（一五九七）に開始され、二年後に一応の完成をみた。

甚六はその功により名字帯刀を許され、堰守《せきもり》として禄高十石を与えられたという。

鹿妻穴堰は三代藩主重直の代になって完成し、志和郡下の新田開発が進んだ。寛文八年（一六六八）から九年にかけて鹿妻穴堰の拡張工事が行われ、本堰から分かれた中堰や新堰が開通した。その結果、飯岡《いいおか》通のほか、見前《みるまえ》通や向中野《むかいなかの》通でも新田開発が盛んに行われるようになった。鹿妻穴堰のおかげで、格段に石高が増加したのである。

北上川西岸一帯、現在の紫波町から矢巾《やはば》町にかけて次々に畑から水田への移行が行われ、「南部の米蔵」といわれるまでになった。

上ノ橋欄干につけられた青銅擬宝珠《ぎぼし》
〔『盛岡の文化財』（盛岡市教育委員会）より〕

京都の町を知っている利直は、中津川を鴨川《かもがわ》になぞらえ、上ノ橋と中ノ橋の欄干に擬宝珠《ぎぼし》を取り付けたほか、近江商人に京風の商店街を造らせるなどのセンスを備えており、盛岡を情緒あふれる城下町にするために腐心した。

なお、擬宝珠は慶長十四年のものが八個、慶長十六年のものが十個残っている。第二次世界大戦末期、軍による金属供出の対象となる危険があったが、実業家で郷土史家であった太田孝太郎《おおたこうたろう》（一八八一～一九六七）の尽力で急遽国の重要美術品に指定され、危うく難を免れた。制作年代が古い上ノ橋擬宝珠は国内でもまれな文化遺産として盛岡藩の面影を伝えている。

これも盛岡

お国自慢

ここにもいた盛岡人①

近世・近代日本を彩る盛岡出身者たち

薄幸の国民的歌人
石川啄木《いしかわたくぼく》（一八八六〜一九一二）

盛岡市（旧渋民村）に生まれる。本名一《はじめ》。盛岡中学校（現盛岡一高）に入学し、文学に目覚める。在学中に雑誌『明星』を愛読、新詩社の社友となる。上級生に金田一京助《きんだいちきょうすけ》、野村胡堂《のむらこどう》らがいた。

回覧雑誌を発行し「白羊会」を結成するなど積極的な活動を展開したが、カンニング事件や堀合節子《ほりあいせつこ》の恋愛などに悩んだ末、退学。その後、代用教員を経て北海道で新聞記者生活を送る。文学への思いを捨て切れずに上京、貧しさと闘いながら創作を続けた。一九一〇年（明治四十三）に刊行した『一握の砂』で一躍、国民的歌人としての地位を確立したが、同年の大逆事件を契機に社会主義思想に目覚めた。しかし、次第に肝患に冒され、病魔と窮乏のうちに、一九一二年（明治四十五）二十七歳で歿。その作風は生活派短歌と呼ばれ、啄木の作品・思想は死後大きな反響を呼び、今なお、多くの人々に愛されている。

島崎藤村の恋人
佐藤輔子《さとうすけこ》（一八七一〜一八九五）

島崎藤村が思いを寄せた女性で、自伝的小説『春』『桜の実の熟する時』に安井勝子の名で登場する。旧盛岡藩士・佐藤昌蔵《しょうぞう》の五女として、盛岡に生まれる。北海道帝国大学初代総長・佐藤昌介《しょうすけ》は異母兄。一八九二年（明治二五）、進学先の東京・明治女学校で教師をしていたのが島崎藤村だった。藤村は輔子に烈しい恋心を抱いたが、輔子にはすでに婚約者がいてこの恋は実らなかった。

銭形平次の生みの親
野村胡堂《のむらこどう》（一八八二〜一九六三）

紫波町生まれ。盛岡中学校を経て旧制一高、東京帝国大学法学部に進学したが、父の死により卒業目前に中退。一九一二年（明治四十五）報知新聞社に入社し、一九四二年（昭和十七）に同新聞が廃刊するまで、政治・経済・社会など多方面で活躍した。一九三一年、文藝春秋社の『オール讀物』に銭形平次捕物控「金色の処女」を発表、好評を博した。音楽評論家としても、「あらえびす」のペンネームで書を遺している。

岩手をイーハトーブと命名
宮沢賢治《みやざわけんじ》（一八九六〜一九三三）

花巻市に生まれる。盛岡中学校（現盛岡一高）卒業後、盛岡高等農林学校（現岩手大学農学部）に進学。童話を精力的に書き出したのは、日蓮主義宗教団体である国柱会に入信してから。生前自費出版した童話集『注文の多い料理店』、詩集『春と修羅』はほとんど反響を呼ばなかったが、今や日本を代表する文学者として親しまれている。イーハトーブは理想郷としての岩手県を意味し、エスペラントをもじった賢治の造語である。

宮沢賢治と親交があった直木賞作家
森荘已池《もりそういち》（一九〇七〜一九九九）

盛岡生まれ。盛岡中学校在学中から詩や小説などの創作を始める。同校四年のとき、宮沢賢治の訪問を受け、以後賢治が亡くなるまで親交があった。東京外国語学校に進学したが、病を得て帰郷。一九二八年（昭和三）から一九三九年まで岩手日報社に勤務、十文字書店版『宮沢賢治全集』の編集に携わった後、文筆活動に専念。一九四三年、『山畠』『蛾《が》と笹舟』で直木賞受賞。

② 二代藩主・利直の時代

信直の跡を継いで藩主となった利直は、人情に厚く、家臣を大切にした。伊達藩との争いに備えるため知行地の再編成を行い、八戸南部氏を遠野へ移封した。金山の開発に力を入れ、財政基盤の強化に成功した。

人情に厚く、家臣を愛す

信直を継ぎ二代盛岡藩主となった利直《としなお》は天正四年（一五七六）三月、信直の長子として三戸《さんのへ》田子《たっこ》館で生まれている。初め彦九郎《ひこくろう》、長じて晴直《はるなお》と名乗り、天正十年に元服し信正と称した。その後、加賀前田利家侯の「利」の一字を得て利正《としまさ》、さらに利直と改めている。盛岡城の築城は信直の代に開始されたが、実際に指揮を執ったのは利直であった。慶長三年（一五九八）、利直の縄張りによって盛岡城は着工したと推測される。

天正十八年、十五歳のとき父信直に従い、小田原の陣で秀吉に拝謁している。

翌年に起こった九戸政実の乱では、信直の命を受け、北信愛を副使として伴い秀吉に拝謁して、援軍の兵を乞うた。その結果、蒲生氏郷・浅野長政の大軍を迎えることができ、九戸政実の乱を鎮定することができたのだ。

南部利直肖像
〔『南部家の名宝』（盛岡市中央公民館）より〕

秀吉の体制の下で京都と三戸を信直とともに往復した利直は中央の事情に通じていたほか、近江商人や美濃商人とも行き来があった。経済人としてもセンスがあり、後に盛岡に近江商人が定着する礎《いしずえ》を築いている。

また、前田家との関係もあって北陸商人を優遇し、野辺地《のへじ》（青森県上北郡野辺地町）に北前船を誘致、上方との交易への道を開いた。利直は人情に厚く、家臣を愛した。そのため、他国よりその徳を慕って移り住む人も多かった。来る者は拒まずの姿勢が貫かれた。

そうしてできたのが秋田領仙北《せんぼく》郡の人々が移り住んだ仙北町、津軽領の人々が移り住んだ津軽町（後に津志田に改名）である。

遠野南部家

徳川幕府より大名としての公認を得た利直は、知行地の再編成を行う必要に迫られた。八戸には同族で由緒ある八戸南部氏がいる。この扱いをどうするかが問題だった。利直は考慮の末、遠野（岩手県遠野市）への移封を申し渡した。伊達《だて》領に近く、支配権の強化が求められていた地域である。

慶長九年（一六〇四）、利直は遠野を盛岡藩に組み込んだ後に横田城を視察している。遠野を併合した実績により鱠沢広恒《ますざわひろつね》に二千石、上野丹波《うえのたんば》と平清水駿河《ひらしみずするが》にそれぞれ千石が与えられた。上野・平清水は城代に任命された。

ところが、かつての支配者で南部氏に追放された阿曾沼氏に同情する者もいて、利直がもくろんだ城代政治はうまくいかなかった。城代は人心を掌握できず、新しい城代が送り込まれたが、やはり統治できない。領内は無政府状態となり、秩序は大いに乱れた。

その頃、伊達藩との境界に遠野の小友《おとも》金山が紛争の種をもたらした。藩境はないに等しく、一攫千金を狙う山師たちが殺到した。中には、キリシタン信者や諸国からの浪人たちもいて、それが余計無秩序を引き起こしていた。

南部領内総図（盛岡市中央公民館蔵）

金山をめぐっては伊達藩とのいざこざが絶えず、両藩は鉄砲隊まで繰り出し、二十数年間も対立した。利直にとって、遠野をどう支配していくかは重要な解決課題であった。

利直は酒宴を開いて、八戸にいた弥六郎直義《なおよし》を説得したと伝えられている。以後、遠野南部氏は代々弥六郎《やろくろう》を名乗った。陪臣《ばいしん》★とはいえ、支藩に近い処遇を受けることになった。巧みな采配《さいはい》である。

▼陪臣
臣下の臣。又家来。

南部直義には一万石余が与えられ、独立の裁判権が認められた。以後、遠野南部家は藩の草創期から南部氏に仕えた中野吉兵衛の家系である中野家、北信愛の家系である北家とともに盛岡藩の御三家として、独自の家臣団をもつことになる。家主は盛岡に常住し、遠野には家老職が置かれた。代官も独自に置くことができた。郡奉行と検断★を兼務する陸奥国代となったのである。

なお、寛永四年(一六二七)三月に利直から直義に交付された「拾戸遠野村付之目録」の「拾戸《とおのへ》遠野」という記述は、十番目の領地として南部氏が遠野を認識していたことを示している。

遠野に移封後、直義は直栄《なおよし》と改名した。直栄は旧阿曾沼氏の家臣を新たに自身の家臣として受け入れるなど、人心の把握に努めた。その一方で、一揆徒党を禁じるなど厳しい政策を実行し、利直が期待した藩政の威信を取り戻すことに成功した。

▼検断
町内の取締り、軽犯罪の裁判等に当たった職制。

藩境をめぐる争い

遠野に八戸南部氏を移封させたことからもうかがえるように、信直を継いで藩主となった利直にとって脅威となったのは、伊達政宗《だてまさむね》であった。

慶長五年(一六〇〇)夏、上杉景勝《うえすぎかげかつ》が山形城主の最上義光《もがみよしみつ》を攻めた際、利直は四三〇〇の兵を率いて出陣し、最上義光を救援したことがあった。徳川家康の命令である。慶長三年に豊臣秀吉が亡くなり、徳川家康と豊臣派が東西に分かれて戦った関ヶ原の戦いは慶長五年九月十五日に行われ、徳川側の勝利に終わった。南部も伊達も徳川についたため、この合戦そのものの影響はない。

ところが、南部利直が総軍をあげて山形に出兵したその隙に乗じて、和賀忠親《わがただちか》が乱を起こした。

利直は急いで軍を還して、和賀忠親が拠点とする岩崎城（北上市）を攻めた。この和賀忠親は伊達政宗の援助を受けており、苦心の末に翌年四月、やっと岩崎城を攻め落とすことができたのだ。以後も利直は、政宗の影に脅かされることになる。

藩境をめぐるいさかいは絶えず、さまざまな伝説を生んだが、有力な牛午《うま》説はこうである。「午（馬）に乗って出会った地点を藩境とする」という手紙を伊達の殿様が南部の殿様に送ったが、南部の側は「牛」と読み違え、馬でかけつけた伊達の殿様と、現在の北上市相去《あいさり》町で出会ったというのである。現在でも境塚は残っており、両藩の争いの歴史をたどることができる。

虎の拝領とキリシタン弾圧

藩境塚

幼い頃より父信直に従い、実戦の経験を積んできた利直は盛岡城の築城を継続しながら、領内の経営にも手腕を発揮した。利直の治世により、盛岡藩は強固な礎《いしずえ》を築くことができた。

時代の流れを見ることにも長け、秀吉が亡くなり徳川家康の時代が来るとなると、すぐに徳川側についた。慶長十九年（一六一四）の大坂冬の陣、翌元和元年（一六一五）の大坂夏の陣には徳川側として平定に尽力した。

利直と家康はずいぶん親しかったらしい。こんなエピソードが残っている。大坂夏の陣の後、家康は利直にカンボジアからもらったという虎を譲った。利直は檻に虎を飼っていたが、ある日、虎が中津川辺りに逃げ出して大騒ぎになってしまった。徳川公から拝領した虎なので、おいそれと手が出せない。仕方がないので、利直自らが鉄砲を撃ち、この虎を射殺したという（一六二五＝寛永二年）。

虎が生きていた頃、虎が入っている檻《おり》に処刑したキリシタンを入れたこともあった。ところが、虎は死んだ肉は食わないので、キリシタンのしかばねには手を付けなかったという。

徳川家康は幕府を開いてすぐ、キリスト教の布教を禁止した。外国人宣教師を国外に追放し、キリスト教信者を厳罰に処することにより、治安を維持しようとしたのである。

とはいえ、弾圧を受けても居所を変え、名前を変えて各地に潜伏し、信教を守る者もいた。キリシタンの中には治外法権地域となっていた鉱山に入った者もおり、金山の発見が相次いだ盛岡藩内には相当数入っていたと推測される。

もちろん、盛岡藩でも弾圧が行われており、公儀の御触れにより多額の奨励金を出してキリシタンを見つけたら密告させるようにしていた。

藩内にくまなく、そういった内容の掲示が高札によってなされたため、捕まるキリシタンも多かったのである。

現在、「虎屋敷跡」が残る正伝寺の山号は養虎山《ようこざん》といい、虎が飼われていた歴史を伝えている。

水戸徳川家との接点

家康は慶長五年（一六〇〇）、利直に対し、江戸桜田の屋敷を与えている。この屋敷は以後、盛岡藩の上屋敷として使用され、江戸における拠点の役割を果たした。

慶長十四年（一六〇九）には、幕命により諸侯の夫人と世子は江戸に常住しなければならなくなり、利直の夫人と世子重直はこの桜田の屋敷に移り住んだ。

利直は家康の跡を継いだ二代将軍・秀忠《ひでただ》の信頼も厚かった。家康からは十一男である水戸頼房《よりふさ》の後見を命じられている。利直は水戸を通る際、必ず立ち寄り、頼房の消息を尋ねたという。

幕末に盛岡藩は水戸徳川家との関係がさらに緊密になるが、その萌芽は利直の時代にさかのぼるのである。

馬の献上と馬買い役人の来訪

信直と同様に、利直も有名ブランド品である南部馬を政治的に利用している。家康に頻繁に馬を献上しており、献上に対する礼状が「御内書」として残されている。江戸幕府が開設されて以来、春と秋に将軍に献上され、参勤交代が開始されると老中や若年寄などにも馬が献上された。

幕府は、江戸時代初期、馬産地に馬買い役人を派遣するようになった。毎年秋になると馬買い役人がやって来た。これは盛岡藩だけではなく、地元農民にとっても重い負担となった。馬買い役人の接待や馬の取り揃えなどの準備に手間取ったばかりではない。

農民は宿泊のたびに宿所の畳替えや食事を負担したばかりか、馬買い役人の通行の道筋の普請人夫として駆り出された。その過重な負担に耐えかねた村の肝煎《きもいり》が藩に対して出した訴状が残っている。

幕府の馬買い役人の来訪は元禄四年（一六九一）に取り止めとなり、以後は「上《のぼ》

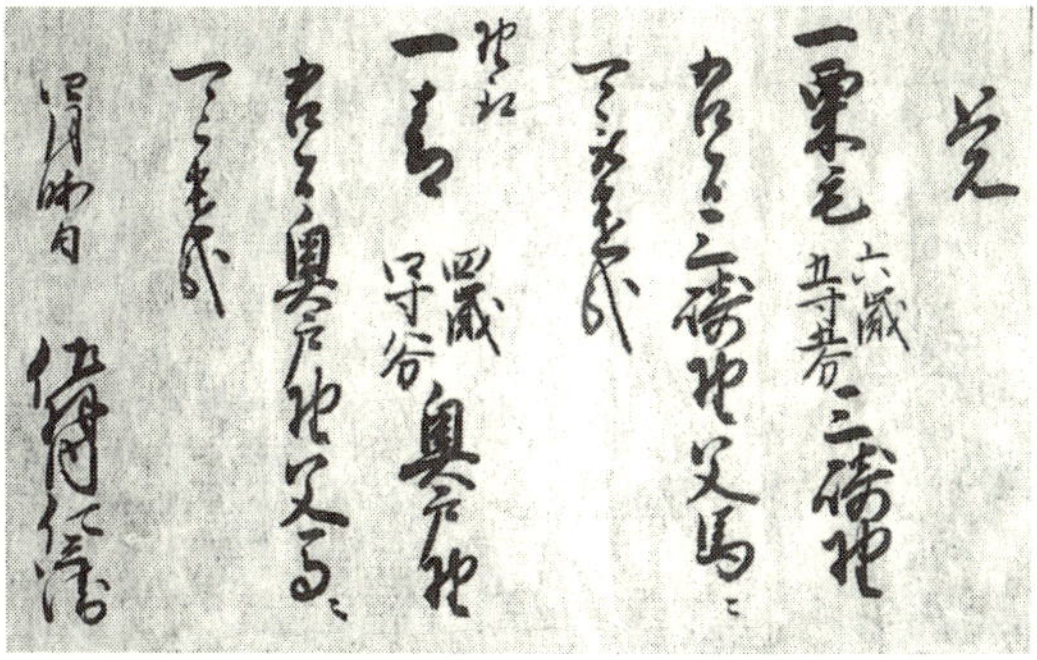

公儀御馬買文書（江戸時代、盛岡市中央公民館蔵）

せ馬」として藩から幕府へ届けられるようになった。

金山の開拓

利直の時代で特筆すべきことは、南部領内からたくさんの金が産出されたことだ。鹿角郡の白根山《しらねさん》、尾去沢《おさりざわ》、遠野の小友などの金山から大量に産出される金で軍費を賄えたほか、盛岡城を長期にわたり築城するのに十分で、盛岡藩が基礎を固めるのに大いに貢献した。

『南部史要』によれば、慶長三年（一五九八）に領内で金が産出されたとある。次のように記されている。

この年春鹿角郡石野村（秋田県鹿角市、筆者注）の白根山に金を産す、これ北十左衛門が国境検分として出張の際発見せるものにして、翌年に至り尾去沢村五十枚山にもまた金を産す、これ一日五十両の運上にて採掘せるため斯く名づけしものにして、続《つい》で真金山にも産出あり、これを領内金を産するの初とす。

金の産出は慶長七年（一六〇二）になると、いよいよ盛んになった。盛岡藩は北《きた》十左衛門《じゅうざえもん》を奉行に任命し、多数の坑夫を使役して採掘に当たらせた。

その噂を伝え聞いて、京都や大坂の商人が多数やって来た。金山のふもとには両替、呉服、雑貨の店舗が軒を連ね、遊女町さえ建設されたと『南部史要』は記している。

利直はそのようすを幕府に伝えており、家康に運上として白根山で産出した金千枚、砂金五十斤を献じようとしたが、家康は「大に喜び早速の報告奇特なりとて運上の額全部を公に賜ふ」と、受け取らずそのまま返したというのである。

金山の盛況はしばらく続いた。北十左衛門は各地の商人と相談して、京都、大坂、大津、堺、伏見、能代などに問屋を置き、移出を図った。これだけ大量に金が産出したのはこれまでに例がなく、南部家の豊かさは「富諸侯に冠たりと伝へらる」(『南部史要』)と記されるほどであった。

こうした豊かな財政基盤が長年にわたる盛岡城の築城を可能にした。二代利直、三代重直、四代重信までは金山の恩恵により、強固な藩政を築くことができたのであるが、後年金山の枯渇に伴い、盛岡藩は財政難に見舞われることになる。

これも盛岡

歴代藩主【かっこ内は在位年】

初代　信直《のぶなお》（天正十～慶長四＝一五八二～九九）
詳細は本文参照。受領名は大膳大夫。法号は常住院殿。墓所は青森県三戸郡南部町三光寺。

二代　利直《としなお》（慶長四～嘉永九＝一五九九～一六三二）
詳細は本文参照。受領名は信濃守。法号は南宗院殿。墓所は盛岡東禅寺。

三代　重直《しげなお》（嘉永九～寛文四＝一六三二～六四）
詳細は本文参照。受領名は山城守。法号は即性院殿。墓所は盛岡聖寿寺。

四代　重信《しげのぶ》（寛文四～元禄五＝一六六四～九二）
詳細は本文参照。受領名は大膳大夫。法号は大源院殿。墓所は盛岡聖寿寺。

五代　行信《ゆきのぶ》（元禄五～十五＝一六九二～一七〇二）
重信の長男として生まれ、盛岡八幡宮造営などに尽力した。受領名は信濃守。五十一歳で家督相続により藩主となる。六十一歳で死去。法号は徳雲院殿。墓所は盛岡聖寿寺。

六代　信恩《のぶおき》（元禄十五～宝永四＝一七〇二～〇七）
受領名は備後守。二十五歳で藩主となる。三十歳で死去。法号は霊巌院殿。墓所は盛岡東禅寺。

七代　利幹《としもと》（宝永五～享保十＝一七〇八～二五）
受領名は大膳亮。二十歳で藩主となる。三十七歳で死去。法号は霊徳院殿。墓所は盛岡聖寿寺。

八代　利視《としみ》（享保十～宝暦二＝一七二五～五二）
受領名は大膳大夫。十八歳で藩主となる。四十五歳で死去。法号は天量院殿。墓所は盛岡聖寿寺。

九代　利雄《としかつ》（宝暦二～安永八＝一七五二～七九）
詳細は本文参照。受領名は大膳大夫。法号は養源院殿。墓所は盛岡聖寿寺。

十代　利正《としまさ》（安永九～天明四＝一七八〇～八四）
受領名は大膳大夫。二十九歳で藩主となる。三十三歳で死去。法号は義徳院殿。墓所は盛岡東禅寺。

十一代　利敬《としたか》（天明四～文政三＝一七八四～一八二〇）
詳細は本文参照。受領名は大膳大夫。法号は神鼎院傳。墓所は盛岡聖寿寺。

十二代　利用《としもち》（前）（文政三～四＝一八二〇～二一）
受領名は吉次郎。十四歳で藩主となり将軍から本領安堵の証書を賜ったが、十五歳に達していなかったため、江戸城での将軍に対する謁見を済ませていなかった。そうこうするうち、藩邸内の庭の樹木に登り遊んでいるうちに木から落ち、足に怪我したのがもとで十五歳で死去。法号は常孝院殿。墓所は盛岡聖寿寺。

十二代　利用《としもち》（後）（文政四～八＝一八二一～二五）
受領名は大膳大夫。十九歳で急遽藩主となる。突然死した利用の身代わりとなった。二十三歳で死去。法号は養徳院殿。墓所は盛岡東禅寺。

十三代　利済《としただ》（文政八～嘉永元＝一八二五～四八）
詳細は本文参照。受領名は信濃守。法号は霊承院殿。墓所は盛岡聖寿寺。

十四代　利義《としとも》（嘉永元～二＝一八四八～四九）
詳細は本文参照。受領名は甲斐守。家督相続により藩主となる。神葬。墓所は東京護国寺。

十五代　利剛《としひさ》（嘉永二～明治元＝一八四九～六八）
詳細は本文参照。受領名は美濃守。家督相続により藩主となる。神葬。墓所は東京護国寺。

十六代　利恭《としゆき》（明治元～明治三＝一八六八～七〇）
詳細は本文参照。受領名は甲斐守。墓所は東京護国寺。

南部家の系図

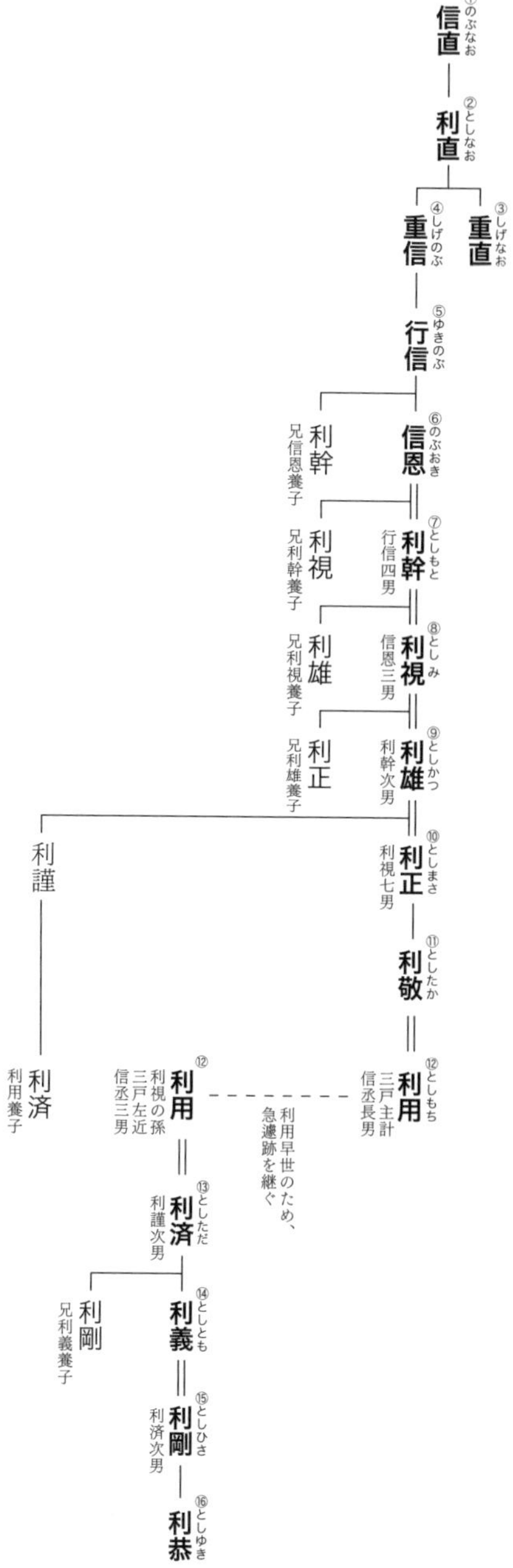
①信直《のぶなお》
②利直《としなお》
③重直《しげなお》
④重信《しげのぶ》
⑤行信《ゆきのぶ》
⑥信恩《のぶおき》
利幹
兄信恩養子
⑦利幹《としもと》
行信四男
利視
兄利幹養子
⑧利視《としみ》
信恩三男
利雄
兄利視養子
⑨利雄《としかつ》
利幹次男
利正
兄利雄養子
⑩利正《としまさ》
利視七男
利謹
⑪利敬《としたか》
⑫利用《としもち》
三戸主計
信丞長男
利用早世のため、
急遽跡を継ぐ
⑫利用
利視の孫
三戸左近
信丞三男
利済
利用養子
⑬利済《としただ》
利謹次男
⑭利義《としとも》
利剛
兄利義養子
⑮利剛《としひさ》
利済次男
⑯利恭《としゆき》

これも盛岡

御預かり人　栗山大膳と方長老

慶長八年（一六〇三）に徳川幕府が成立した。幕府は諸大名を統制する制度を次々に確立していったのだが、外様大名への牽制を兼ねて実施されたのがお預けの制度である。まず大坂の陣で豊臣方についた戦犯や公儀の政治犯などが流刑、お預けとなった。

江戸時代を通じ、盛岡には一二件、都合二一名がお預けとなっているが、その中で有名なのが栗山大膳《くりやまだいぜん》と方長老《ほうちょうろう》である。ふたりが盛岡にやって来たのは、盛岡藩三代重直《しげなお》の時代である。重直は気性が激しく、武断的な独裁政治を行ったといわれている。後継を決めず亡くなったため、盛岡藩から八戸藩が独立するきっかけもつくった。

とはいえ、盛岡城を居城と決め、街道を整備するなど業績も多い。江戸生まれのため進取の気性があり、文人趣味を持ちあわせていたことがお預かり人への好待遇につながったのかもしれない。

栗山大膳は、九州福岡藩主黒田長政に家老として仕えていた。長政没後はその遺言により嗣子・忠之《ただゆき》を補佐して藩政改革に当たった。しかし、奸臣たちは忠之が酒色に溺れるようにしむけ、大膳を讒言《ざんげん》したため、政道が乱れた。そのあげく、諫した大膳の家禄を忠之は没収してしまった。

福岡藩お取り潰しの危険もあり、大膳は幕府に訴え出て藩政を立て直すしかないと決心し、寛永九年（一六三二）忠之に謀反の疑いがあると幕府に訴えた。幕府はその訴えを受け調べを進めたが、忠之には謀反の意思はなく本領は安堵された。大膳は臣下でありながら主君を訴えたのは臣の分に非ずとして、盛岡に流されることになったのである。

その後、幕府は忠之を謹慎処分にし、藩政は改まった（黒田騒動）。つまり大膳は、黒田家を救うために狂言を行ったのである。

流刑は子供の大吉・吉次郎も一緒であった。寛永十年（一六三三）のことで、大膳は四十二歳であった。盛岡藩は大膳を厚遇し、盛岡城下の下小路に屋敷と薪水料十七人扶持が与えた。

大膳は一子をもうけ利政と名づけられたが、父がお預かり人のため出生をはばかり、母方の内山姓を名のった。十七人扶持の知行、二百石の座次は明治維新まで子孫により継承された。慶安五年（一六五二）、大膳は六十二歳で盛岡で没した。現在、恩流寺《おんりゅうじ》境内に大膳を顕彰する碑が残っている。なお、森鷗外の歴史小説に『栗山大膳』があり、黒田騒動に端を発し大膳が盛岡に流され、生涯を終えるまでが生き生きと描かれている。

栗山大膳が来盛した二年後の寛永十二年（一六三五）、方長老が盛岡藩に御預けとなった。方長老は対馬藩主宗対馬守義成の徒弟で、筑前の出生。出家して臨済宗以酊庵主となり、朝鮮の事情に通じていたために重用された。朝鮮との修好公文書を改竄《かいざん》したことが露見して盛岡に流刑となったのは、方長老が四十八歳のときであった。

盛岡藩では薪水料五百石を与えて、方長老

を厚く遇した。法泉寺《ほうせんじ》門前に住居した方長老もその恩遇に報い、自身のもっている知識を惜しみなく周囲に伝えた。

学識に優れていた方長老は寛永十八年（一六四一）、幕府が諸侯に命じて系譜を提出させたとき、重直の依頼により初代南部光行《みつゆき》から始まる系図を作成した。重直は晩年仏教に傾注し多くの堂を建て鐘を鋳たが、その鐘の銘はほとんど方長老が書いたといわれている。方長老は地元の人々向けに文化講座を開くなど地方文化向上に尽くした功労者で、現在でも方長老の遺したものは受け継がれている。

たとえば、野草の甘野老《あまどころ》には不老長寿の漢方薬「黄精《おうせい》」と同じ成分があると伝えたのは方長老であった。その教えにより黄精飴がつくられたが、これは現在でも盛岡を代表する菓子のひとつであり、製法を変えていない。

この黄精飴であるが、献上品としても使用された。文化五年（一八〇八）、南部利敬《としたか》の時代であるが、十万石から二十万石へと石高が上がった御礼に、彦根藩主の井伊家（後に大老の役職を担った）に献上された記録が残っている。

また、清酒の醸造法も方長老によって伝えられた。盛岡藩の人々はそれ以前は濁酒の作り方しか知らなかった。『南部史要』にはこの件に関し、「濁酒以外を知らざりし国人に清酒を醸すことを教へた」と記されている。方長老により、発酵中の酒に蒸米や麹などを加える方法が教えられたのだ。その頃すでに、盛岡城下には二〇軒ほどの造り酒屋があったが、次第に方長老の教えは浸透していった。

牛乳を伝えたのも方長老である。方長老の教えにより、薬用として牛乳が使われたと史実は伝えている。さらに、作庭の技術や白せんべいも方長老が伝えたといわれている。法泉寺の庭にはその名残りがあり、法泉寺の門前には石碑が置かれている。

方長老を慕い、盛岡にやって来る人々もいた。今も文具商として続いている木津屋《きづや》の初代・藤兵衛《とうべえ》もそのひとりであった。藤兵衛は京都で方長老の話を聞いたことがあり、その方長老が盛岡にいると聞いて訪ねてきたのである。

藤兵衛は元々武士であったが、方長老により商人になることを勧められ、盛岡に根づく決心をしたという。方長老は藤兵衛に五つの心得を示した。慈悲を本とすべし、正直を守るべし、自他利益を旨とすべし、平等に客を敬ふべし、遵法・奉公を重んずべしの五つである。この五カ条は今も木津屋の金科玉条とされており、方長老の教えが生かされているのである。

明暦四年（一六五八）四月二十五日、二代将軍秀忠の七回忌の恩赦により、方長老は江戸に帰った。盛岡での在留は二十四年に及んだが、別れを惜しむ者が多く、盛岡藩ではわざわざ賄方や足軽数名をつけて江戸に護送した。万治四年（一六六一）に大坂で死去したといわれている。

法泉寺に残る方長老の庭

③

三代藩主・重直の時代

重直は江戸に生まれたため進取の気性に富み、京都や江戸から踊りの師匠、旅芸人を召し抱えるなど芸能文化の育成に熱心だった。街道の整備を進め、北上川の舟運を開くなどの行政手腕を発揮し、藩政を盤石にした。重直が狩猟を好んだことは「盛岡藩雑書」からうかがえるが、当時の盛岡藩内は野生動物の宝庫であった。

進取の気性

重直《しげなお》は利直の嫡子として、慶長十一年（一六〇六）三月九日に江戸桜田の屋敷で誕生し、成長した。利直の死に伴い、初めて盛岡城に入城したのである。

盛岡藩の体制固めは重直によって確立したといえる。おりしも江戸幕府の体制が固まりつつある時期で、各地の大名は藩政の確立が急務とされていた。

三代将軍家光の時代に、徳川幕府による中央集権化が強力に推し進められた。寛永十一年（一六三四）には、幕府は全国の大名に領知の安堵状《あんどじょう》を下している。領土が確定し、諸侯間の戦いは鎮静化していった。以後、幕末まで二百年以上にわたり戦争のない時代が続くことになる。

この頃幕府に提出された「伝寛永盛岡城下図」が残っており、すでに市街地が形成されていたことがうかがわれる。

南部重直肖像
〔『南部家の名宝』（盛岡市中央公民館）より〕

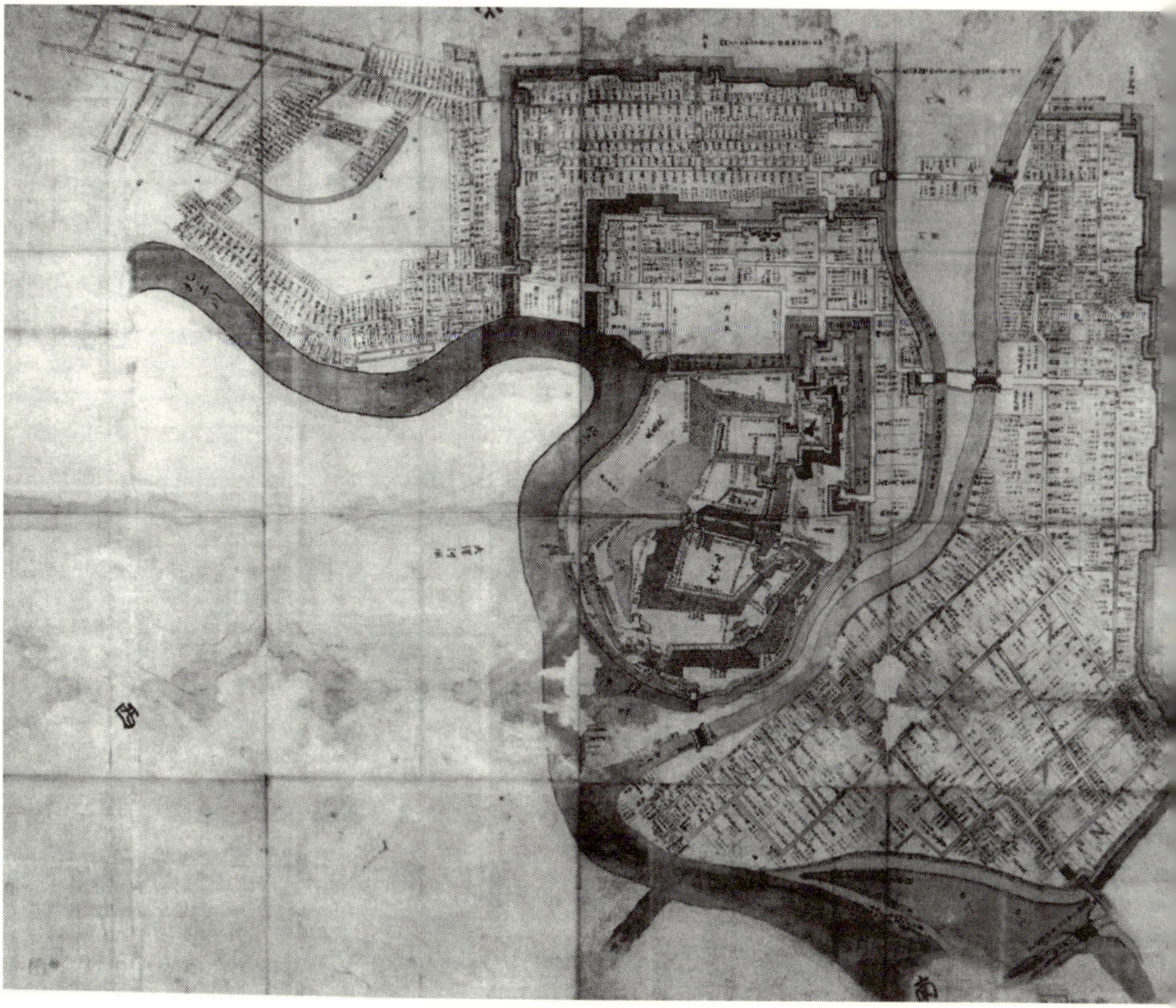

伝寛永盛岡城下図

（岩手県立図書館蔵）

盛岡藩は正式に十万石（岩手・志和・稗貫・和賀・閉伊・九戸・二戸・三戸・北・鹿角の一〇郡）の補任を受けた。前年の寛永十年には、南部氏十万石の軍役が定められたとされている。

家光は家康以上に、キリシタン弾圧に取り組んだ。各藩は宗門奉行を定め、強硬な弾圧を行った。寛永十四年に起こった島原の乱以後、取り締まりは極に達した。重直も取り締まりに力を入れ、寛永十二年には一七六人のキリシタンを捕えている。

江戸生まれのためか、重直には進取の気性があった。利直までは一門や一族の土豪的な家臣団が形成されていたが、重直は旧来の体制を排除することに努めた。南部人は田舎者で粗野だ、そう思った重直は、京都や江戸から踊りの師匠、俳優、旅芸人、大家の奥女中を召し抱えたりした。

盛岡の田舎風俗を上方の優雅な風俗に改めようということだったが、思うようにいかず、その多くがいつのまにか逃げてしまったという。

とはいえ、盛岡にはひとつだけ京都ことばが残った。それが「なはん」だという。京都ことばの「なはれ」が転じたものだという。このことばは今でも残っていて、奥ゆかしい響きを伝えている。

こんなこともあった。万治三年（一六六〇）には、譜代家臣四二人に暇を出し、家禄を没収している。領内で重直は、家臣がいさめようとすると怒って家禄を没収することがたびたびあったという。没収した家禄で、他国から技能や遊芸に優れた者数十人を召し抱え、武士として採用している。

そのため、暴君ともいわれたが、藩の体制づくりにはやむを得ない面があったのかもしれない。

街道の整備

重直の大きな功績のひとつに、街道の整備がある。これは徳川幕府の政策である参勤交代の影響がある。

江戸時代の歴史書『慶長年録』によると、参勤交代は慶長八年(一六〇三)に始まったという。その時、外様大名の前田《まえだ》利長《としなが》と池田《いけだ》輝政《てるまさ》が入府して徳川家康の世子秀忠に拝謁したのが、始まりとされている。

元和元年(一六一五)に「武家諸法度」が定められ、参勤は百万石以下十万石以上の大名は供奉騎馬二〇騎以下、十万石以下の大名はそれに準じるものとされた。寛永十二年(一六三五)には、改正が行われ、幕府による諸大名の統制策として次第に整備されていった。

すなわち、参勤交代は諸大名に一年ごとに国許と江戸（在府）とを交互に居住交替させることを原則とし、大名の妻子は人質として江戸に残した。重直が江戸

盛岡参勤交替図巻（太田稔氏蔵）

で生まれ、成長したのはそのためである。

諸大名にとっては参勤交代は膨大な歳費の支出となり、藩の財政が極度に窮迫することにもなったが、それが幕府の狙い目でもあった。

とはいえ、この制度により、地方の諸街道や宿駅が次第に整備され、交通が大いに発達する効果もあった。江戸には各藩の屋敷が置かれたため、藩同士の交流も次第に活発となった。

幕府は慶長年間に、主要街道に一里塚を置いた。六〇間を一町とし、三十六町を一里と定めた。江戸日本橋を起点とする五街道をはじめ、全国の主要な道路が整備された。

このことで各大名の地元と江戸との里程が算出でき、参勤交代の旅行日程が定まったのである。

やがて、宿駅や伝馬所ができて、旅人の食事や宿泊、伝馬の受け継ぎや諸荷物の集配などに利用されるようになった。

ちなみに、日本橋と盛岡城間は十四日あるいは十五日間の行程で、途中は宿駅利用となる。その間の奥州街道の宿駅は九〇にのぼったという。

参勤交代は盛岡藩にとっても膨大な歳費の支出となるが、重直は従臣が江戸への参勤で駐在するための費用を積み立てておく舫《もやい》制度を始めている。

もっとも、わがままな重直は必ずしも、幕府の政策に従順だったわけではない。

参勤交代の江戸到着に大きく遅れ、蟄居《ちっきょ》の罰を受けたことがあった。寛永十三年春のことだ。

ほかに、南部領内にキリシタンが多いこと、幕府の許可なしに出丸を築いたこと、他国より家臣を召し抱えたことなども咎《とが》められた。

処分は、翌年には「緩やかな遠慮」になる。その期間に江戸で火災が起きたことがあった。重直は飛び出して、家臣とともに近辺の火を消す働きをした。それを知った家光はすぐに重直を呼び、遠慮を解いたという。

それまで、奥州街道はほとんど整備されていなかったが、重直は曲がった箇所をまっすぐにしたり、山道を平坦地に移し、道幅は三間で一定にした。さらに、街道の両側に松を植える徹底振りであった。このようにして盛岡より南の街道は手本にした日光街道のように美しくなったという。

盛岡藩の脇街道は、城下の鍛冶町（現紺屋《こんや》町）一里塚が起点となった。ここから秋田街道、鹿角街道、宮古街道、大槌《おおづち》街道、釜石街道、野田街道が分岐していたが、重直はこれらの街道づくりにも尽力した。こうして、物資の輸送が容易になり、地域間交流が活発化した。

特に内陸と沿岸地方との物資交流が活発化した結果、三陸地方の経済が目覚ましく発展した。そのおかげで他領との交流も盛んとなったのである。

北上川の舟運を開く

北上川は元々、陸道が発達する前から重要な交通路として利用されていた。その起点となったのが新山舟橋だ。盛岡城下の入口で、奥州街道の中心でもあった。

いつ最初に架けられたのかはわからない。寛文五年（一六六五）には、物資の流通が多くなったので、金五百四十両あまりをかけて土橋を架けたという記録がある。盛岡以南の村から新山舟橋管理税を徴収し、利用者からは橋銭をとって運営した。たびたびの洪水により押し流され、改修されて明治に至ったが、今はない。近くには現在、明治橋が架かっている。

寛永三年（一六二六）、仙台藩により北上川の河口である石巻湊《いしのまきみなと》が整備された。北上川を石巻に落とす切り替え工事に成功したのである。

その結果、江戸をはじめとする各地への海上搬送が盛んになり、上流にある盛岡藩もその恩恵を受けることになった。

盛岡藩は盛岡・新山河岸から黒沢尻《くろさわじり》河岸まで小繰舟《おぐりぶね》、黒沢尻河岸から石巻湊まで艜《ひらた》（大型船）を運航させた。石巻湊に着いてからは外航船に荷を積みかえて、江戸・京都・大坂などへと物資を輸送したのである。

北上川舟運の起点・城下新山河岸付近図
〔『図説 盛岡四百年上巻』（郷土文化研究会）より〕

新山河岸には御番所・船宿・御蔵などが建ち並び、城下町盛岡の入口としてにぎわいを見せた。

石巻湊には藩庫を建設し、藩米や移入品を保管したほか、輸送の拠点とした。盛岡の起点である新山舟橋と石巻の間には、日詰《ひづめ》、花巻、黒沢尻といった河港町が形成され、その河港町を拠点にして商人が集まり、物資の流通が盛んとなった。

重直が藩主となった寛永中期に、盛岡を起点とする北上川の舟運が開けたのである。慶安から寛文の時代には、本格的な江戸廻米が行われている。

なお、北上川の舟運が盛岡藩にもたらした利益は大きく、明治期になってからは北上回漕会社が設立され洋式外輪船が運航した。明治二十三年(一八九〇)に東北本線が開通するまで、北上川の舟運は大きな役割を果たしたが、やがて、衰退してしまった。重直の功績としてはほかに、寛永年間の凶作の際に藩庫を開けて難民の救済に当たったことが挙げられる。

利直の後を受けて盛岡の南部に用水路である鹿妻穴堰《かづまあなぜき》を完成させ、志和郡下の穀倉地帯を開拓したのも重直である。慶安年間には領名で初めて人口調査をしている。また、城代や代官の職制を整備したほか、年貢や諸税の基本を確立した。

江戸生まれのためか、文人趣味のあった重直は盛岡藩の文化向上にも力を尽くした。御預かり人である栗山大膳《くりやまだいぜん》や方長老《ほうちょうろう》を厚遇したために、領内には文化的な香りが漂うようになった。

儒学者を召し抱えたり、能舞台を造ったりもした。方長老の教えにより、薬用に牛乳を用いたともいわれている。

盛岡藩内は野生動物の宝庫

重直が狩猟を好んだことは、盛岡藩の家老日誌である「盛岡藩雑書」の記載からもうかがえる。

「盛岡藩雑書」は寛永二十年（一六四三）から天保十一年（一八四〇）までのうち、一八二年分が盛岡市教育委員会に保存されている。盛岡城をめぐる日常や政治、社会などにわたって記述された貴重な史料である。

その初期の記述には、狩猟の記述が多く見られる。重直は真冬に二回、大勢の家臣を従えて、行った。

たとえば、慶安二年（一六四九）冬の狩りの際、家老四人のほか八千人の家来が動員された。二千人ずつ四組に編成され、班ごとにのぼりを立てて、岩手山麓の原野に繰り出した。鹿の群れが逃げないように、泊まりがけで群れを囲んだという。このときには鹿一六二〇頭、猪五頭、狐一頭、野兎一羽という大きな収穫があった。重直は上機嫌で馬に乗り城に戻ったが、八千人の家来たちは雪の原野で火を焚いて、組ごとに酒盛りをして解体した鹿の内臓や肉をほおばったという

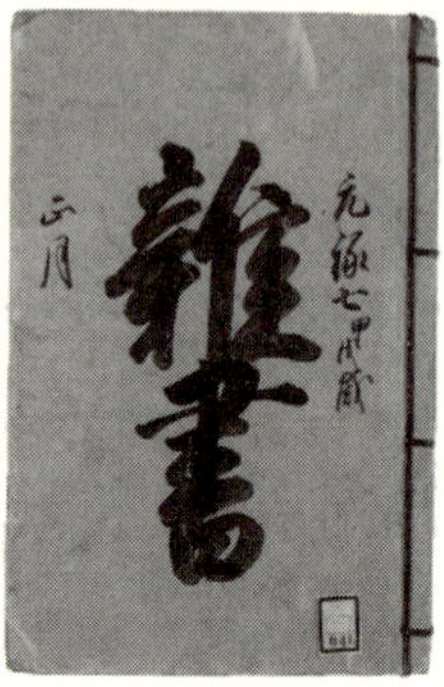

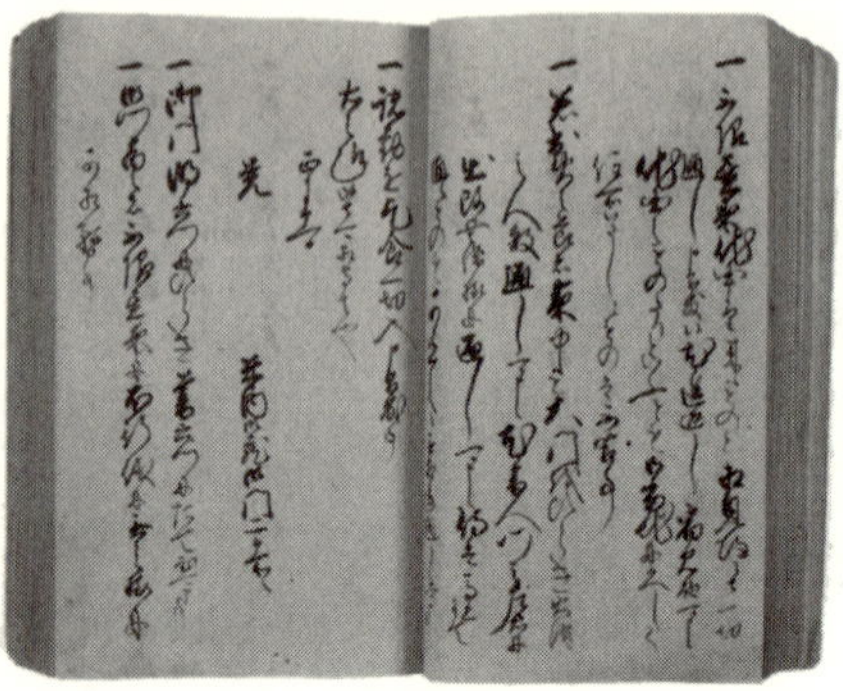

「盛岡藩雑書」。南部家雑書とか盛岡藩家老日誌と呼ばれる
（『盛岡の文化財』（盛岡市教育委員会）より）

（遠藤公男『盛岡藩御狩り日記』講談社）。実に壮大な光景である。

同書によれば、その頃の南部領は鹿、猪、狼が大量に生息する「野生動物の大国」だった。江戸に生まれ育った重直はおそらく、最初に領内に入ったときそのことに新鮮な驚きを覚え、狩猟に生きがいを持つようになったのだ。江戸と盛岡を行き来した重直にとって、盛岡にいるときはやはり退屈を覚えたに違いなく、その退屈を狩猟で紛らわしたのかもしれない。

鶴と鷹

その頃、領内には鶴が飛来していた。鶴は毎年秋に捕獲され、幕府にも献上されている。献上品としては、ほかに鷹、馬、塩鮭、白鳥、雁などで狩りの獲物が多い。これは古来の習慣であり、江戸時代初期にはまだ産業が十分に発達していないためもあると思われる。

たとえば、こんな話も「盛岡藩雑書」には記載されている。

正保《しょうほう》四年（一六四七）のこと。盛岡城に江戸から公儀の馬買い二人と鷹師三人がやって来ていた。その五人に対して、鶴の吸い物などの鶴料理が出された。鶴料理は城のもてなしとしては、最高級のものだった。

もちろん、鶴は地元の鷹匠が鷹狩りで捕獲したものだ。重直は鷹狩りも大好きで、鷹も多数飼っていた。

盛岡城の東方、中津川を渡ったところには鷹匠小路があり、鷹師や鷹匠と呼ばれた武士が六〇人以上いたという。彼らは年中、鷹の飼育と調教に明け暮れていた。鷹を愛好した名残は地名として今も残る。岩手郡滝沢村の巣子《すご》は、鷹のヒナを捕った所を意味している。

鶴も好きとみえて、重直は寛文元年(一六六一)にはタンチョウを買うために、わざわざ二人の家臣を北海道にあった松前《まつまえ》藩に派遣している。当時は「鶴は千年、亀は万年」という迷信がまだ生きていた。

さらにいえば、南部家の家紋は中世末期以来「向かい鶴」であり、鶴に対する親近感も働いたのかもしれない。

南部家の家紋
〔『南部家の名宝』(盛岡市中央公民館)より〕

④

四代藩主・重信の時代

三代藩主重直は寛文四年（一六六四）、後継を決めずに逝去した。幕府の裁定により、十万石のうち八万石を盛岡城において重信に、二万石を八戸城において直房に相続させることが決定した。四代藩主となった重信は北上川の河道修正に力を入れ、洪水の防止に貢献した。

八戸藩が分離・独立

重直は寛文四年（一六六四）、九月十二日、江戸の屋敷で五十九歳で逝去した。ところが、後継がまだ決まっていなかった。

そのことが重直の評判を悪くする一因ともなっているが、重直自身は養子を決める意思があり、幕府に養子を認めるように願い出ていたが、決めないうちに亡くなってしまったというのが真相のようだ。

当時、家督相続を決めないで亡くなることはお家断絶の危険も伴っていた。だれに相続させるかで、藩内は割れた。

弟の重信《しげのぶ》にという者、分家の八戸家（遠野南部家）から迎えるべきだという者、徳川御三家の水戸家から迎えるべきだという者に分かれたのである。お家潰しが決まった場合は幕府を相手に戦おうという意見も出た。

その騒動は馬買いにやって来ていた公儀の密偵によって幕府に知られていたほか、噂によって世間の知るところとなっていた。

先年、世継ぎがないため他家から養子を迎えた米沢の上杉家は三十万石から十五万石に減らされている。

盛岡藩がどうなるかは、注目の的であった。

盛岡藩の危機感も相当なもので、藩を挙げての幕府への工作が行われた。

その工作が効を奏したのかもしれない。寛文四年十一月、幕府より重信、直房《なおふさ》二人の上京が命じられた。江戸城において、南部十万石をふたつに分ける決定が時の将軍家綱より下されたのである。

すなわち、幕府は十万石のうち八万石は盛岡城において重信に、二万石は八戸城において直房にという裁定を下した。つまり、直房は八戸藩として分離独立することになったのである。

この決定は早馬で盛岡に伝えられ、盛岡藩の人々は欣喜したといわれている。とはいえ、藩は分割されたわけで、幕府による統制がより強められたことは否めない。

直房は当初、すべてを兄・重信にと願ったらしい。

ところが、幕府により却下された。こうして、三戸郡、九戸郡、米作地帯である志和郡の一部が八戸盛岡藩として独立することになったのである。居城は八戸に置かれた。家格は江戸城中の大広間詰め、陣屋持ちの外様大名である。

とはいえ、八戸藩祖となった直房はわずか二年余りで亡くなった。その死には盛岡藩による毒殺説もあり、両藩の関係は幕末まで必ずしも良好だったとはいえない。

花輪の殿様

重信は重直の弟であり、利直の五男である。跡を継いだときすでに四十九歳であった。元和二年(一六一六)、閉伊郡花輪《はなわ》村（宮古市）に生まれており、そのため「花輪の殿様」といわれた。

母は花輪氏。利直が領内を巡視中、花輪氏の家に宿泊した際、娘の松に寵をかけ、その結果生まれたのが重信である。幼少期は、花厳院（宮古市花原市《けばらいち》）の僧に読み書きを学んだとされる。

重信は重直と対照的に名君といわれた。幼い頃から、苦労して育ったので、人情の機微に通じていたといわれている。

もちろん、重信は藩内が三派に分かれて争ったことを知っており、家老たちの機嫌を取るために、着任早々七人の家老にハイタカや児鷹を与え、鷹狩りをさせて喜ばせた。自身も鷹狩りが好きで、捕れた獲物を気前よく家臣たちに与えてもいる。

もっとも、重信は藩主になる前は家老で、いわば、家老たちはかつての同僚である。仲間意識もあったかもしれない。そういう背景もあったので、重信は家臣たちの意見によく耳を傾けたといわれている。

北上川を河道修正

重信の治世で特筆すべきは、北上川の河道修正である。

盛岡城の周辺はたびたび洪水に悩まされていた。そのため、利直は北上川の水源地にまつられている岩手郡の御堂観音から御分霊を勧請して、城内に祀ったことがあった。北上川など城下を流れる川による洪水を防ぐための安全祈願である。それでも、洪水の被害はなくなることがなかった。

重信の時代、寛文十年(一六七〇)、大洪水が起こり、北上川の夕顔瀬橋《ゆうがおせばし》や中津川《なかつがわ》に架かっている三橋が落ちた。城下全域に被害が広がり、抜本的な対策が必要とされた。こうして行われたのが、北上川の河道修正工事である。

寛文十三年(一六七三)、幕府に工事許可の申請をして認められた。材木町から大沢川原《おおさかわら》、中津川の落合まで新しい川を掘り、北上川の河道を変えたこの大事業は突貫工事で進められ、延宝三年(一六七五)に完成した。

中津川落合から下流の馬場小路・大清水にかけての堤防の築造も行われ、土止めに杉の木を植えた。杉土手である。新山舟橋の上手に当たる。

こうして、北上川は新築地で堰き止められ、新しい堤防に沿って流れるようになったのである。

北上川など川の氾濫にたびたび悩まされていた盛岡藩だが、新築地の埋め立て工事により、洪水を防ぐことができた。

また、重信は、洪水で橋が流失すると、すぐに新たな橋を造るなどして治水に尽力した。

元の北上川の周辺、大沢川原や菜園《さいえん》（盛岡市）は城下に入れられて、やがて東厨川村《ひがしくりやがわむら》となった。菜園に別荘（御田屋）ができると、その警護のために武家屋敷が設けられるようになった。こうして、この地域は発展していった。

重信は新田開発に力を入れ、山地造林にも意を尽くしている。

和歌をたしなみ、儒学を好む

重信は和歌をたしなみ、儒学を好み、能楽や茶道に対する心得もあり、画筆も巧みであった。自身が作った謡曲「岩手山」が今に伝わっている。

現在の盛岡市中央公民館がある所に薬華園を創設して、「御薬園」と称したの

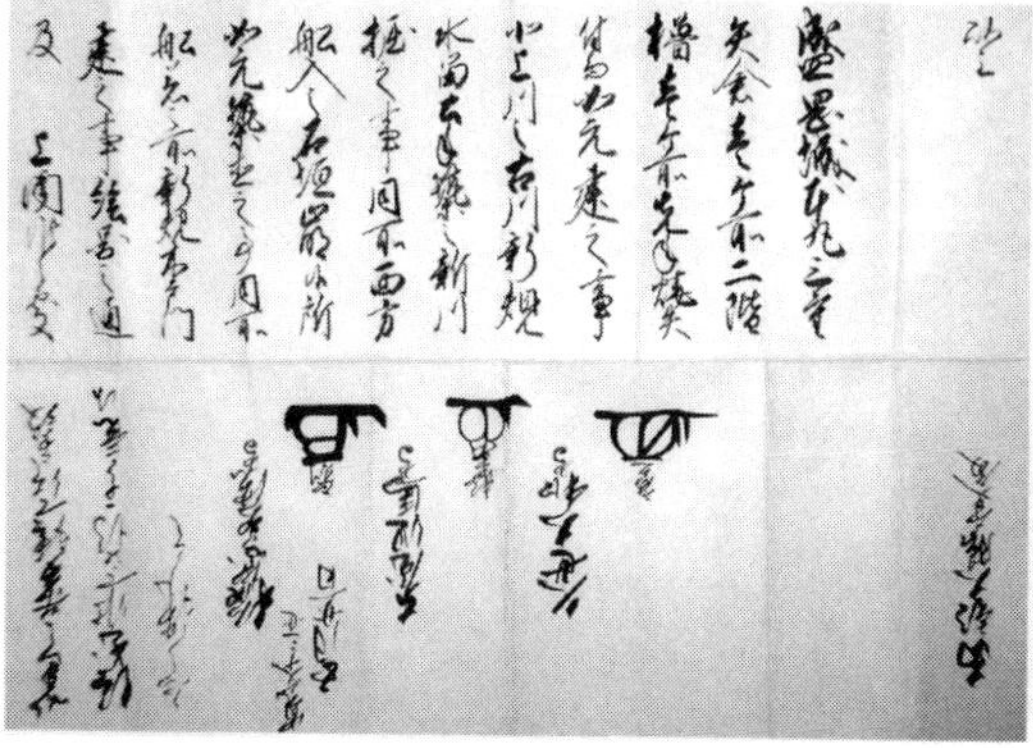

新土手の工事許可書（寛文十二年、盛岡市中央公民館蔵）

も重信の時代である。

藩主を継いだとき八万石だったが、十万石に加増されてもいる。従来、それは新田開発に取り組んだ成果が認められたためといわれてきた。細井計氏は(『南部と奥州道中』吉川弘文館)、家格アップをねらった重信の将軍綱吉への働きかけのおかげという説を展開している。

もっとも、この決定は同時に幕府への軍役の増加も意味し、藩の歳費が増大することにつながったので、必ずしもよい知らせとはいえなかった。

重信は元禄十五年(一七〇二)六月十八日、八十七歳で、江戸で亡くなった。最も長寿の藩主であった。

第三章 城下町の形成と武士の生活

盛岡城を中心に「五の字の町割り」によって城下町が形成された。

① 盛岡城の構成

盛岡城は二代利直の時代に町づくりが着手され、三代重直の時代に城下の基礎固めが行われた。以後市街地の拡大はほとんどなく、幕末を迎えた。北上川、中津川、梁川の流れを生かし、城を中心として町割りが行われた。

本丸

盛岡城内は石垣で囲まれた本丸・二ノ丸・三ノ丸などから構成され、藩主の住居を中心とした造りとなっていた。

盛岡城の規模は、正保四年（一六四七）の古文書には城周り土手の総間数が一〇六二間で、総坪数は約九万坪となっている。

本丸は標高一四二メートルと城内の最高地点に位置していた。規模は東西六七メートル、南北七〇メートルで、ほぼ方形となっていた。部屋は公務表役向きと大奥からなっていた。これは元々、盛岡藩主が私人南部家当主の顔もあわせもっていたためである。

公務表役向きの間には高知衆★・御番頭（家老）の御用詰所、御国産所などのほか、松之間・紅葉之間、時計之間などがあり、雑御用蔵・二階隅櫓《やぐら》もあった。

▼高知衆
重臣たち。

御錠口を境にして大奥があり、三重天守櫓のほか、御居間、御休息間、若衆之間、御祝之間、料理之間など多くの諸用の間があったといわれている。

それも時代によって変遷し、適宜大規模な営繕工事が行われており、その間取りは一様ではない。江戸時代後期になると、表役向きの間の多くが城の外にあった御新丸に移されている。

星川正甫《ほしかわせいほ》『盛岡砂子』によれば、寛永十一年(一六三四)夏、重直《しげなお》が在府中に雷火に遭い、本丸の櫓が焼失した。この火災で南隅の蔵に格納されていた火薬が爆発し、多くの死傷者が出た。

翌年五月、重直が帰国した際、本丸の仮普請が行われたが、寛永十三年夏再び焼失し、しばらくは普請されることがなく、放っておかれたのは幕府の許可が下りなかったからである。

そのため、新しく本丸が完成するまで、重直や諸役人は御新丸に居を移して執政している。

普請が始められたのは延宝二年(一六七四)三月、重信《しげのぶ》の代になってからであった。

その際に天守楼上の鯱《しゃち》は従来の瀬戸製を改め、京都から小《こ》泉《いずみ》五郎七《ごろうしち》・五郎八《ごろうはち》を招いて青銅で鋳造させている。

屋根に鯱を上げるのは、鯱は水を呼ぶという意味で、火事の

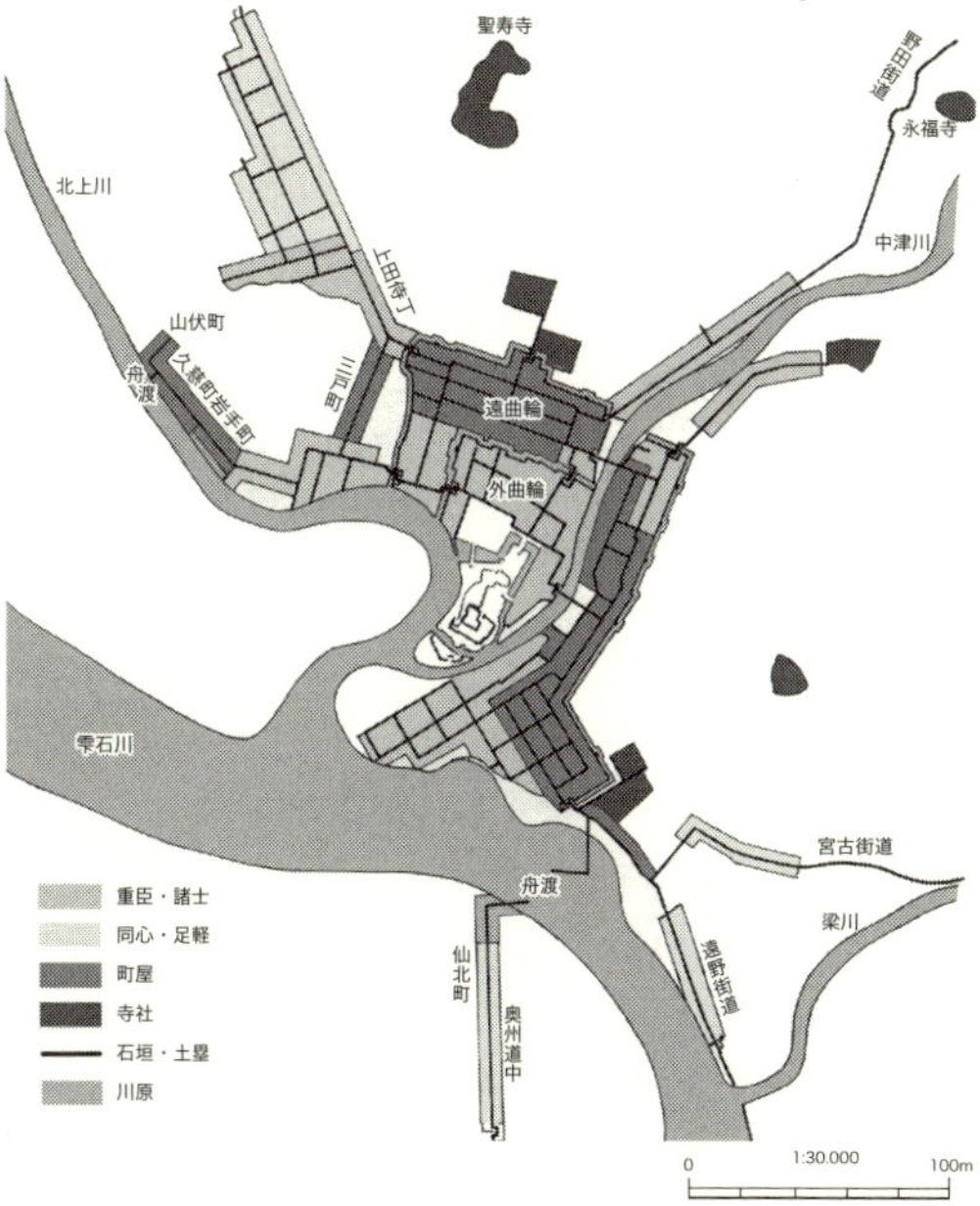

江戸初期の城下

〔『盛岡城下の街づくり』(盛岡市中央公民館より)〕

際への祈りを込めている。この工事により本丸の建物の整備は進んだが、地震や風の被害があるとそのつど改修が行われた。

本丸内部の建物は、藩主の都合により改造が行われたために、間取りや用途は一定しない。

特に大規模な改造は天保七年(一八三六)、利済《としただ》が藩主のときで、大奥に豪華な三階の居間が建設され、「長生楼」と名づけられた。だが、利済が幕府により謹慎を命じられたために、その御殿はやがて取り壊された。

二ノ丸

中丸とも呼ばれ、本丸より一段低く位置していた。規模は東西六八メートル、南北八七メートルとなっていた。表諸役所が置かれた。城内の公式行事は二ノ丸御殿で行われたが、藩主は本丸から出御し、大書院「国座」に着座した。御家門方・老中は大書院御次、ほかは身分格式により、菊之間、柳之間などへの着座は厳格に席次が定められていた。

藩主が二ノ丸にやってくるのは、正月の総家中の拝礼など改まった儀式のときに限られていた。そのとき以外には、二ノ丸の「御席」には「御席詰」が詰めていた。幕府の「大老」に当たり、遠野・中野・北の御三家から任命されたが、欠役の場合もあった。

三ノ丸

北ノ丸、八幡曲輪《くるわ》とも呼ばれた。二ノ丸よりさらに低く位置していた。規模は東西一〇七メートル、南北六五メートルあった。八幡社・鹿島社など三社があったため、神域とされた。

現在の桜山神社本殿・拝殿境内があるところに、御蔵が置かれていた。三ノ丸から二ノ丸への登り口には、車御門と呼ばれる東面の二ノ丸御門があった。その車御門に向かい、右側石垣の上の土塀には鉄砲狭間が並んでいた。これは鉄砲を撃つ場所である。城は防御の拠点である。江戸時代となり、敵と合戦する機会はなくなったが、武器庫を含め盛岡城には有事の備えはなされていた。

御新丸

寛永十一年(一六三四)に本丸が焼けたために、三代藩主・重直は本丸の仮御殿として城外に御新丸を造営した。

寛永十三年、約五カ月かけて造営されたこの御殿には華美が尽くされ、本丸にも勝る御殿であったという。材料は福岡城を破却した際の古木が利用され、足りない分は上田村下台から伐りだされた。

重直に続き藩主となった重信が住んだが、重信はやがて本丸御殿の造営に取りかかり、それが完成すると本丸御殿に移っていった。

なお、重信の時代にはここに稽古所がつくられている。もっぱら、武術の稽古をするところであった。

当初盛岡藩は武術一辺倒で、藩学の体制が整うのは、利済の時代、天保十一年(一八四〇)まで待たなければならなかったが、このときに初めて、下田三蔵《しもださんぞう》という儒学者を招聘《しょうへい》し、文武両道の稽古所となるのである。そのときには、稽古所は日影門外小路に移っていた。

その後、重信の世子・行信《ゆきのぶ》が一時住んでいたことがあるが、行信も藩主となると本丸御殿に移った。

芸能に造詣の深かった利幹《としもと》の代、御新丸には、宝永六年(一七〇九)に御能舞台が造営され、文化年間までは諸士の御能拝見之儀が執り行われた。

江戸時代も後半となり、盛岡藩の財政は急速に悪化、百姓一揆が頻発するようになると、御新丸はあまり手入れされることがなくなり、施設は放置されるままになった。本丸が手狭なことから、御新丸には諸奉行など諸役詰所が置かれた。

内丸

盛岡の城下町は、城を中心にして、第一圏に重臣の邸宅や役宅、第二圏に商工業者と武家屋敷を入り組ませて環状に配置した。その周りの第三圏には平士の住宅を配置し、外村に通じる主要な街路には足軽・同心が住むようにした。

内丸は城内に続く、城の大手口につくられたお屋敷町だ。外郭には人工の濠と土塁がめぐらされており、第二圏の一般町民が多く住む地域とは厳然と区別されていた。現在の桜山神社前にあった城内の綱御門の外側を内丸と呼んだ。現在でも地名は残っている。

この地域には重臣屋敷があった。盛岡藩は重臣を高知衆と称していて、江戸時代初期には内丸地域は高知衆だけの居住地と定められていた。北氏・八戸氏・中野氏・桜庭《さくらば》氏などの御家門御一門や広小路御殿・清水御殿など藩主の別邸も並んでいた。

だが、その後、屋敷割替えがたびたびあり、幕末期には身分による居住区分は崩れていた。

町人の出入りは禁止され、他領民である旅人はもちろん、通行できなかった。庶民が出入りできるようになるのは、明治時代になってからのことだ。外濠《そとぼり》が壊され、お屋敷も次々に取り壊しになった。

　元々、この地域は盛岡藩の行政の中心であったが、伝統は受け継がれ、現在は県庁や盛岡地方裁判所などの施設が集中する岩手県の行政の中心地である。

2

城下の町割り

盛岡城の築城と同時に、城下町の建設が行われた。利直はその際、知恵袋である北信愛の意見を容れ、「五の字の町割り」とすることを決定した。盛岡城下は町名で階層が区別されており、士農工商という身分制度が守られていた。

五の字の町割り

盛岡城の築城と併行して、城下町の建設が行われた。家臣団を集住させるための武家屋敷町を造成するとともに、その生活を支える商人や職人たちの町を新たにどう形成していくかが課題となった。

利直は、盛岡城下の町割りを「五の字」にした。それは、知恵袋であった北信愛の助言に拠ったと伝えられている。星川正甫の著である『盛岡砂子』には、五の字とは碁盤の目の意味であると記されている。

北信愛は、「一の字は一重にして長い。五の字は、丸く小さく四方に道を発展させるに便利である。多くの城下町や宿駅は一重か二重につくっているが、これは誤りである。一重・二重の町は、通り筋だけが繁盛するが、裏町は衰えるだけである。盛岡は旅人の往来路ではないから、袋町のようにして地売り地商いを基本とすべきである。だから、城を中心に二重・三重、前後左右に囲んで、さむらい町と町人町、町人町とさむらい町を続けるようにするのがよい。こうして町に厚みをつけ、特に長い町には、ひずみをつけて見通しをさけるようにするのは得策である」と主張したとされる。

この主張が具体化するのは、城下の整備が進んだ元和三年（一六一七）以降のことである。

当時の奥州街道は、北山《きたやま》から加賀野《かがの》を経て八幡宮《はちまんぐう》前を通っていた。それを中心にして河南に商人町をつくることもできた。

だが、利直はそうせずに、旧街道を上田から切り替え、城の大手門の前の本町まで引き込んだ。さらに、中津川の東側を通って、穀町《こくちょう》から川原町方面に抜けるようにしたのである。

その幹線道路に沿って町人町がつくられ、その外側に武家屋敷が広がっていき、幾重にも道路が通された。

そのために、城下は武士と商人・職人が混在することになった。寺院町は北山・関口の一帯と寺ノ下地区を中心に配置された。

城下町の造成が進む一方で、中津川に橋が架けられた。慶長十四年（一六〇九）にはまず上ノ橋が架けられ、河北と河南を結ぶ幹線道路となった。慶長十六年には中ノ橋、十七年には下ノ橋が架けられることで、中津川を介した町と町との交

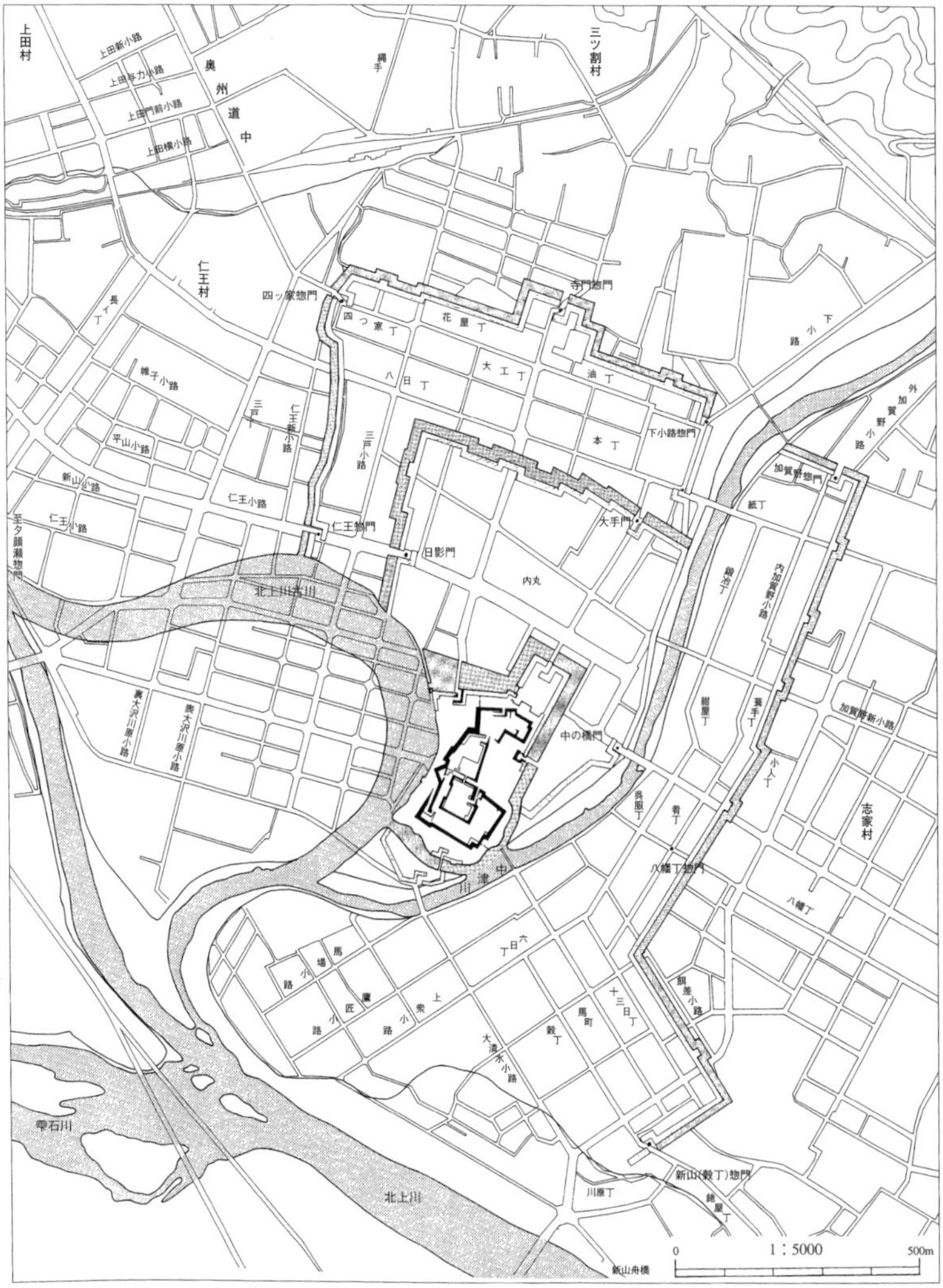

惣門と街路名（惣門名は元文～天明年間、街路は慶応用より、道路は現況）
〔『盛岡城下の街づくり』（盛岡市中央公民館）より〕

流が図られるようになった。

元和五年(一六一九)には、町割りはほぼ完成した。利直は三戸の旧城下にいた商工業者をまず盛岡に移した。三戸町の始まりである。次いで、仙北郡から来た人々が仙北町をつくり、津軽から来た人々が津軽町（後の津志田《つしだ》）をつくるなどして、町並みが整備されていった。

盛岡城下には二重の外濠・土塁《どるい》が築造されていた。盛岡城内・内丸はその中心である。その周りを環状型に町割りが画定されており、主要街道の出入口には惣門が設けられた。

惣門・木戸

街道筋に設けられた惣門《そうもん》の番所で、人々の往来が監察された。番所では人・手形改めのほか、移入人物や穀類の品改めが行われた。特に藩の特産物や「出し米」「出女」は厳重に取り締まられた。

たとえば、三閉伊《さんへい》沿岸を通り他領から運ばれてくる海産物などの物資は、野田街道筋の山岸や宮古街道筋での荷物改めが行われ、入り役（移入税）が取り立てられた。

三陸沿岸の人々は漁業と塩業で生計を立てていた。特に野田村で生産される塩は野田街道を通り、城下に運ばれた。そのため、そのルートは「塩の道」と呼ばれた。荷物の運搬には牛馬が使用された。

惣門で第一に重要だったのは、新穀町にあった惣門である。盛岡城下の遠曲輪《とおくるわ》★出入口で、遠野街道、閉伊街道など重要な街道筋の押さえとして厳重な取り締まりがなされた。

また、秋田街道・鹿角往来口の夕顔瀬惣門も重要だった。盛岡藩政時代、城下町の南の玄関口が新山舟橋とすれば、北の玄関口が夕顔瀬橋にあたる。

当初夕顔瀬橋は洪水に遭うたびに落橋したが、明和二年(一七六五)、御勘定頭・梅内忠《うめないちゅう》左衛門《ざえもん》の取り計らいにより御側頭・大向《おおむかい》伊織《いおり》が北上川の中央に大石で中島を築いた後、橋桁を高くして両岸から土橋を架けた。洪水の際に落橋を防ぐために、工夫を凝らしたのである。この試みは後年、下流の新山舟橋の架橋にも応用された。

その結果、夕顔瀬橋は人馬の往来や物資の交流が盛んになり、藩では警護のための体制として惣門を設けることになった。惣門警護のための役人の詰め所である御番所も置かれ、やがて足軽同心組を夕顔瀬橋周辺に住まわせるようになった。

一方の新穀町惣門であるが、今、その名残は南大通り二丁目、藩政時代から現代に続く老舗木津屋本店前の路傍に建てられた「盛岡城警備惣門遺跡」の石碑からうかがうことができる。ここにはかつて土塁で囲まれた方形の「舛形《ます》」があっ

▼**遠曲輪**
堀と土手。

た。L字形の土手で囲んだ方形の場所で、その内側にある番所には役人が詰めていて、城下に出入りする通行人やその所持する荷物を調べた。

また、盛岡城下の二八町内の出入口には木戸が設置されていた。夜中には木戸が締め切られ、不寝木戸番が定められていた。

町人は原則として夜間は外出禁止で、証明用の鑑札がなければ往来できなかった。夜間に出歩く者は家紋付きの提灯《ちょうちん》をかざして歩くことが義務付けられ、それがないと取り締まりの対象となった。

町名で区別

盛岡城下は町名で階層が区別されていた。士農工商という身分制度が厳しくあった時代である。

すなわち、上田小路・仁王《におう》小路・大清水小路・馬場小路など、「小路」がつく地域は武家屋敷が並んでいた。

また、肴丁・穀丁・材木丁・大工丁など「丁」がつく地域は町人・職人が住んでいた地域である（なお、「丁」は「町」とも書く）。

さらに、仙北組丁・上田組丁・神子田《みこだ》組丁など「組丁」がつく地域には身分の低い武士である足軽（同心）が住んでいた。

なお、貞享二年(一六八五)の盛岡藩の総人口は三十万六千余人である。そのうち、武士階級の人口が二万二千人。城下には一万三千人が住んでいた。盛岡藩では凶作により多くの餓死者が出ているが、城下にはあまり影響がない。餓死者は農民が住む郡部にほぼ限られていた。

盛岡藩では城下二八町を「公示」しており、それ以外は郷村支配に属していた。それが確定されたのは、文化九年(一八一二)のことである。それ以前に幕府に届けられていたのは、二三町であった(表参照)。

このときの町名改正により、二三町のうち馬町・十三日町以外は丁と称するようになった。

城下では、定期的に市が開かれた。商品経済の発達につれて、市は活況を呈するようになっていった。

城下で最初に定期市が開かれたのは、三戸町であった。当初は毎月十八日だけだったが、やがて月に三回開かれるようになった。元々、三戸町は城下で初めて町が形成されたところだ。

南部氏は、三戸町を特権町と位置づけていた。煙草の専売権が与えられたほか、定期市に集う商人に前もって銭を貸与し、市を利用する際に返済させる――「銭おろし」という政策を実施している。商人からは市場税を徴収するのがふつうであったが、盛岡藩ではそれを免除し、「銭おろし」政策を実施することで、定期

盛岡二三町の町名と現在

町名	現在	町名	現在	町名	現在
仙北町	仙北町	葺手町	中ノ橋通・紺屋町	本町	本町通
鉈屋町	鉈屋町	肴町	肴町	八日町	本町通
川原町	南大通	新町	肴町	寺町	本町通
穀町	南大通・清水町	紺屋町	紺屋町	三戸町	本町通
馬町	南大通・清水町・肴町	鍛冶町	紺屋町	長町	長田町
六日町	肴町・清水町・下の橋町	紙町	上の橋町・本町通	材木町	材木町
十三日町	南大通・肴町	油町	本町通	久慈町	梨木町・材木町
八幡町	八幡町	大工町	本町通		

〔『盛岡城下の街づくり』(盛岡市中央公民館)を参考にし、その後の調査により一部修正〕

市の振興が図られた（細井計編『南部と奥州道中』）。

また、六日町、八日町、十三日町は、市日によって命名された地名である。市のある日には多くの店が出て、周囲から住民が集まってきて、大いににぎわった。

これも盛岡

盛岡藩の史跡を訪ねて

盛岡市内を中心に、盛岡藩の歴史を今に伝える史跡が残っている。そのいくつかを紹介する。

桜山神社

盛岡市内丸にある桜山神社は藩主たちを祀る盛岡藩の守り神で、江戸時代の文献には「この神社は当城万代の鎮守なり」と記されている。寛延二年（一七四九）、八代藩主・利視が藩祖信直の没後百五十年に当たり、その遺徳を偲んで盛岡城内淡路丸に勧請したのがはじまりで、現在祀られているのは信直のほかに南部氏の初代・光行、二十七代利直、三十六代利敬である。当初は淡路丸大明神と呼ばれていたが、文化九年（一八一二）、淡路丸に桜の木があったことにちなんで、桜山神社に改称したといわれている。奥羽越列藩同盟に参加した結果「賊藩」となった盛岡藩だが、この神社もその影響を受けることになった。盛岡城明け渡しに伴い、遷座を余儀なくされ、妙泉寺山に場所を移した。さらに、明治三十三年（一九〇〇）十月二十四日、内丸の現在地に遷座。第二次世界大戦後、たくさんの引揚者が境内にあった商店や飲食店に集まり、盛岡一の闇市が開かれたという歴史もある。

盛岡八幡宮

南部氏は元々、八幡神を氏神と仰いでいた。南部氏が居城を三戸から不来方に移す際、不来方の豪族であった日戸氏が代々信仰していた鳩森八幡宮を修復して以来、南部氏はこの地方守護神としてお参りし、氏神とした。藩主が信奉したため、城下の人々も八幡神を崇敬するようになった。

寛文十一年（一六七一）、藩主重信は嫡子行信と共同で商業の流通を促進し町の中心部を整えるとともに新八幡宮の造営に着手した。約一万五千坪の広大な境内地を定め、八年をかけて本殿を中心とする建物や施設が整った。同時に行信は門前の町づくりにも着手し、現在の八幡町の原形がつくられた。

付近はかつて盛岡一の花街として芸者のいる町として栄えたが、今はその面影はない。とはいえ、新年には岩手県一の参拝客でにぎわっている。

盛岡市中央公民館

四代藩主重信の時代、城中で用いる薬草を栽培していたため、「御薬園」と呼ばれていた所に、建てられている。御薬園はやがて庭園としての機能も併せ持つようになり、藩主の散策の場へと変わっていった。江戸時代後期には藩校「明義堂」が設けられ、藩士の子弟が学ぶ場となった。明治維新で盛岡藩が「賊軍」となり敗れると、建築物は取り壊され、長く放置された。明治四十一年（一九〇八）、南部家別邸として生まれ変わる。その後、岩手県の管理を経て、盛岡市に移管され現在に至る。

郷土史料館には、南部家に伝わる工芸品や民俗史料が展示されている。また、敷地内には藩政時代、豪商として有名で「糸治」の屋号で知られた旧中村家住宅が移築されている。典型的な町家建築であり、往時の商家のたたずまいをしのぶことができる。国の重要文化財に指定されている。原敬の別邸内の東屋であった「白芳庵」、俳人・山口青邨《せいそん》が幼い頃に育った旧宅「愛宕亭」も移築されていて、見学できる。

③ 武士の生活

藩主を筆頭とする職制は世襲で、給与も身分によって決まっていた。
服装や住まいも身分によって厳格に区別されていた。
盛岡藩では優良馬の育成に努め、林業の振興に力を注いだ。

武士の職制

盛岡藩では、身分によって職制が決まっていた。地位は世襲で、ほとんど厳しい身分制度に則って一生が決まっていた。

その組織は幕府やほかの藩と同様、軍役と領内の統治を観点として形成されていた。しかし、泰平の世が続き、戦争の危険がほとんどなくなってからは、領内の統治を進めるため財政系統の役人が重用されるようになった。

まず、支配者のトップに藩主がいる。藩主のもとに御家門・御三家がいて、藩主の補佐・顧問となる。

御三家も含め、高知衆と呼ばれる重臣がいる。この中から、家老・加判《かはん》役、御新丸番頭などが任命される。実質的に藩の実権を握っている層である。家老・加判役は通常五名程度で、藩主が替わると、交替した。

その下に諸士と呼ばれる武士がいる。その中にも、家格三百石、二百石、百石、五十石と区別がある。

五十石以上の武士には軍役があり、用人・従士・武具などを備えることが義務付けられている。この中から、庶務を担当する用人、寺や盛岡の町の行政を受け持つ寺社御町奉行、治安維持を担当する目付などが任命された。

それ以下の武士は「扶持取り」となる。

主な部署としては、御目付所（主として、司法・警察関係を担当）、御勘定所（藩財政を統括）、御用人所（御側・大奥・公儀・諸大名公事などを担当）、御納戸所（大納戸・御側詰などを担当）――などがあった。

家臣の身分序列は世襲によって定まっており、異例の昇進がある場合を除けば、武士は生まれに甘んじた地位で一生を送らなければならなかった。

地方組織としては、当初、花巻《はなまき》・郡山《こおりやま》・鹿角などに郡代が置かれ、特別な権限が与えられていたほか、四七代官所により支配していた。

だが、その後、領内一〇郡を三三通に分け、二五代官所で支配した。代官の中には、二通を担当する者もあった。

各代官所には、二名ずつの代官が派遣され、年貢の徴収などの任務を遂行した。

なお、村は検地帳に記載された本百姓を中心にして、肝煎《きもいり》・老名・組頭の役人によって支配され、藩の組織に直結していた。

武士の給与

与えられる給料も身分により異なっていた。給料の形式は主に次の四種類からなっていた。

地方《じかた》―知行ともいい、百姓付きの田畑を支給された。そこからの年貢を収入とした。遠野家などの高知衆は山林や河川を含めた一円支配だったが、その多くは各地に分散していた。そのため、不在地主の形で年貢を主な収入源とした。

現米方―蔵米・御蔵から玄米で支給された。高百石につき、三十七石であった。当初は一年に二度か三度に分けて支給されたので、「切米方」とも呼ばれた。だが、二百石や三百石を現物で支給するのは困難なため、支給する米の大部分を藩が買い上げた形で、手形で渡されるようになった。江戸に廻米し、利益を上げられるようになったこともその背景としてあった。

御金方―現米何石というものを金に換算して支給された。

扶持《ふち》―原則として蔵米の給付である。低禄でその日暮らし同様の身分の者には毎月、扶持米が支給された。

当初、知行取りは譜代の家臣や地方の地頭によって占められたが、時代が下るにつれて知行高は少なくなり、次第に現米方や御金方が増加していった。地方を与えていては、藩の蔵入地が減ってしまうからで、藩で徴収した蔵米から支給する方向になったのである。新規に上方から多くの人々を召し抱えた重直の時代から、そういった方法に切り替えられていった。

また、役職につくと、役料や手当が支給された。下級の武士には、まきや味噌、塩などが現物で給付されることもあった。

地方として与えられる知行地がどこなのかで、実際の収入はかなり違っていた。下級武士は扶持だけでは生活できず、町人から仕事を貰い、傘張りなどの仕事をして何とか生活した。

たとえば、足軽組の扶持米は、ひとりにつき年間二人扶持、つまり年間米一二俵であった。これでは生活していけない。そのため、南部表（下駄の表張り）、編笠づくりなどが内職として行われたのである。

もっとも、以上の給与は必ずしも定めどおり支給されたわけではない。江戸時代中期になり、飢饉の発生などで財政が厳しくなると、切り米が支給されず、手形が渡されるといったことがしばしば起こってきた。

身分による服装の区別

また、盛岡藩では、身分により、服装が決まっていた。上下役《かみしもやく》・羽織袴役《はおりはかまやく》・白衣役《びゃくえやく》の区別があった。百石以上の家格の藩士は裃《かみしも》の着用が義務付けられていた。それが上下役である。羽織袴役とは紋付き羽織に袴をはいて出仕する者である。五十石の家格の者が相当した。それより低い身分の者は羽織を着ただけで、袴をはかずに出仕するので、白衣役と呼ばれた。

文化十年(一八一三)に出された「御家仰せ出され書」では、厳しく服装の規定が示されている。礼服着用の期日、袷《あわせ》や単衣の着用期間のほか、髪型までが示されている。家内の服装までが制限されていた。

藩では、倹約を奨励するために、華美な服装を禁止する布告を行っている。利《とし》幹《もと》のときの布令では、五十石以下の家格の者は絹物を着用してはならないと定められた。頭髪を結ぶ際に元結を使用せずに、藁《わら》か麻《あさ》を用いるよう決められた。

また、食事も質素を旨とした。一汁二菜がふつうで、一日二食であった。祝い事があるときのみ、二汁三菜以上の献立にありつくことができた。

▼南部相撲
南部相撲は四角い土俵を特徴とした。『甲子夜話』(松浦静山／文政五年＝一八二二)には、「奥州南部は相撲の土俵を円形にせず、方形に置いてその角角に四本柱を建つ。行事も常の上下は着せず、能狂言にきまる太郎冠者の上下と同制なるを腰の帯まで着す、ただし麻にはあらず緞子錦など華麗なるを用ゆ」、「大関、関脇をとる者は銘々刀を持て土俵の傍らまで行ってそれより角力すと。皆常と異なり」とある。

南部相撲

武士の娯楽のひとつに、相撲があった。南部は相撲★どころとして有名で、歴代藩主、なかでも行信、利敬《としたか》は相撲好きであった。藩は相撲場や角屋敷をつくって多くの力士を養成した。召し抱えられたのは領内出身者ばかりではなく、遠国出身者も多くいた。興行も盛んで、南部特有の土俵作法があったことが伝わっている。

南部家お抱え力士で有名なひとりに、初代二所ノ関《にしょのせき》軍右衛門《ぐんうえもん》がいた。現在の北上市出身の軍右衛門は江戸相撲で活躍し、江戸で最高位の大関に昇進している。引退後は後進の指導に当たり、現在に続く名跡「二所ノ関」の元になっている。南部家の家紋のひとつである「違い菱」が大きく縫い込まれた化粧まわしが現存している。

当時は家紋を入れた化粧まわし姿の力士が土俵に上がることで、藩の名前を売ったのだという。南部相撲の名を二所ノ関軍右衛門は高めたのである。

武士の住まい

住居も身分により異なっていた。利直は町割りに当たり、武家屋敷をあまり

広く取らないようにした。表口は一三間（二三・六メートル）、奥行きは二五間（四五・五メートル）と決められた。

その中で、内丸にあった高知衆の屋敷は大きな構えで、広い庭があった。表玄関、書院、表居間のほか、脇玄関もついていた。

少し地位が低くなると、家族が住む裏座敷と表座敷が兼用で、家族が多い場合には台所と寝る部屋が共用ということもあった。

身分により、住居の広さは相違があったが、たとえば最も身分の低い武士である足軽は、茅葺き屋根の曲がり屋に住んでいた。その広さは一〇坪から一五坪くらいしかなかった。二部屋に台所くらいしかついていず、かわや（便所）と井戸は共同使用であった。

足軽組は、組頭の下に一組三〇人ずつが統率されていた。一五人に一人の割合で小頭がいた。足軽屋敷は、道路の両側に一五軒ずつ並んでいた。

なお、城下では火事が多く、武家屋敷の焼失もたびたびだった。その際には家を新築する場合、建築費は原則自費であったが、貸与する制度も設けられていた。武家屋敷の建築基準も定められている。

次第に武家屋敷町が形成されると、文化十一年（一八一四）には武家屋敷町に「小路」をつけるなど、町名の改正が行われた。武家屋敷町と町人町が自由に往来できないように、「仕切り門」が建てられるようになった。

幕末が近づくと、軍役が増えたりしたために武士の数が増大し、屋敷の数が足りなくなった。

嘉永五年(一八五二)十月、志家《しけ》村・加賀野村・上田村・浅岸《あさぎし》村などの田畑が御用地となった。上田新小路・加賀野新小路が新しく設けられ、武家屋敷町となった。また、浅岸と神子田《みこだ》裏には足軽組町が置かれた。

刑罰と処刑場

徳川幕府は寛保二年(一七四二)、「公事方御定書《くじかたおさだめがき》」を制定した。これが以後の刑罰体系の基本となる。

盛岡藩では、それを基本にして文化年間に「文化律」を制定している。利敬が藩主の時代である。

その中で最も重い刑は死刑であるが、刑罰の種類は以下のとおりである。

死刑—はりつけ(極刑)　小鷹《こたか》処刑場で行う。

　獄門　小鷹処刑場で首をはねて晒す。

　死罪　牢屋で首を切り、死骸は取り捨てる。

永牢—牢屋に入れて監禁する。

追放—島流しにすることだが、領内には適当な島がないので、僻地《へきち》に流された。

島流しにも段階があり、最も重い遠追放は下北半島の牛滝、野辺地、野田、沢内、鹿角に流される。次の重追放では五戸の市川新田、大槌《おおづち》、宮古、七戸、三戸、五戸に流される。最も軽い近追放では大槌、福岡、沼宮内、雫石などに流されるという区別があった。

放逐―御城下払い、二十三町払い、所払いという段階があった。

なお、一般に死罪は穀町の横町にあった御会所で行われたが、重罪の者は小鷹処刑場で処せられたという。キリシタンや百姓一揆の指導者なども小鷹処刑場で処せられたが、小鷹処刑場で処刑されることが決まった者はまず、城下の町内を引き晒しになった後、処刑場に到着、刑が執行された後、三日ほどそのまま晒し者になった後、被差別人によって取り捨てられた。

小鷹処刑場は現在の南仙北一丁目、感恩寺のすぐ近くにあり、処された人を供養する供養碑も建てられている。

優良馬の育成

南部領内は、古来馬の名産地である。

盛岡藩はその伝統を受け継ぎ、馬に関しては特別な政策を採った。

まず、特筆されるのは、馬の戸籍である馬籍簿の存在である。町人や農民に戸籍がなかったこの時代、馬の戸籍はしっかりとあった。盛岡藩では牧地を設け、馬産に力を注いだ。藩内の馬は藩有馬（野馬）と民有馬（里馬）とに分けられた。藩の役人としては、野馬掛と里馬掛が置かれたという。

寛文四年（一六六四）に八戸藩が分離独立し、牧が分割された。元禄十二年（一六九九）に確定した、盛岡藩の牧場である九牧とは三崎野（野田）、北野（野田）、住谷野（三戸）、相内野（三戸）、又重野（五戸）、木崎野（五戸）、有戸野（野辺地）、奥戸野（田名部）、大間野（田名部）である。

藩営の九牧を管理する役所としては、藩庁の御目付所の支配下に牛馬役所が置かれた。直接には三戸に御馬別当が置かれた。御馬とは、藩営の牧のことである。御馬別当の下には、補佐役として御馬責や御馬医が置かれ、各牧には御馬守や猟師が従事していた。猟師は専ら、狼を撃つことに専念した。江戸時代には狼が多くいて、しばしば馬を襲ったからである。

盛岡藩では狼の被害がひどく、「盛岡藩雑書」には狼により多数の馬が犠牲になったことが記されている。藩営の牧が整った元禄年間にはいよいよその被害がひどくなり、専用で狼を撃つ猟師が重宝されるようになっていった。

藩営の牧場では毎年秋に「野馬改め」、すなわち馬検査が行われた。一頭でも逃げたら厳格な捜索が行われるので、野馬掛の責任は重かった。

一方、里馬に関しては、「総馬改め」が行われた。村ごとに馬肝煎が置かれ、

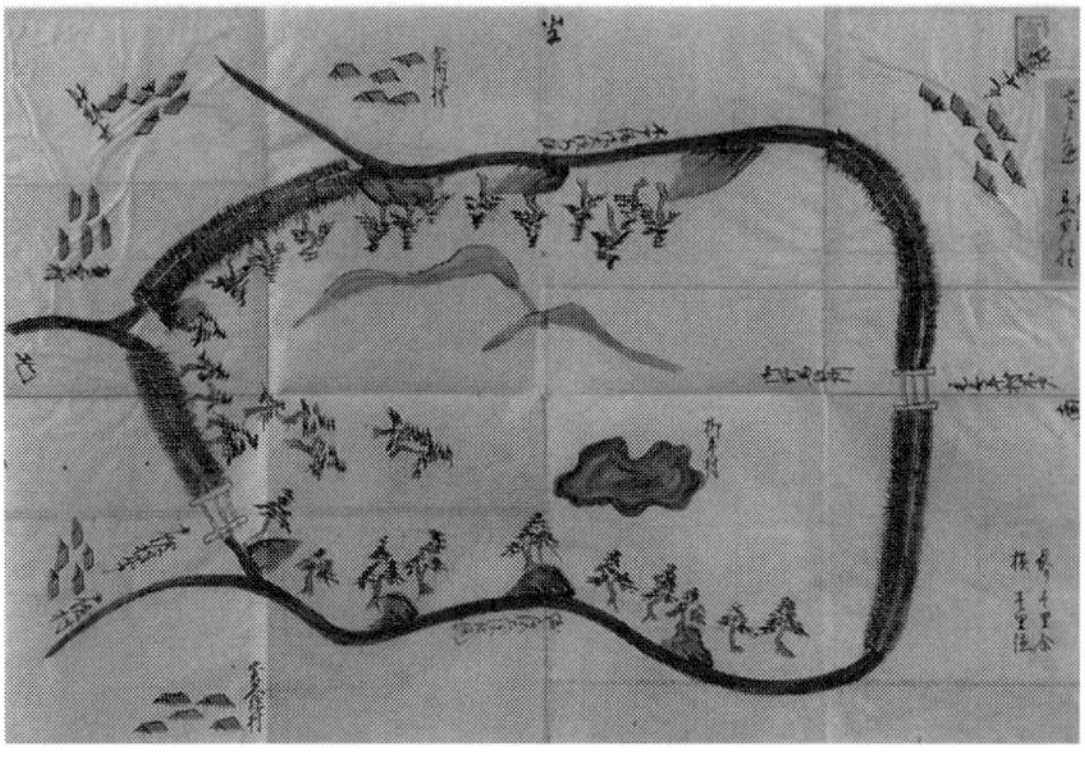

南部九牧図（江戸時代）
〔『北の馬文化』（岩手県立博物館）より〕

馬の生死や売買状況を調査するのである。馬を盗んだ者は追放、悪質な者は死罪に処せられた。

盛岡藩では、牡馬は二歳を過ぎると放牧を禁止した。良馬に悪種が混入することを防ごうとしたのだ。

そのため、領内では生まれた馬が牝ならば領民の物になり、牡ならば二歳になるとセリにかけられた。セリの結果、一両に満たない場合は領民のものとなり、一両を超える場合は一両を農民に、残りを藩に納めた。その結果、領民は進んで市場に馬を出すようになったという。

盛岡藩では、優良馬の育成に力を注いだ。馬改めの結果、馬を上、中、下にランクづけをして上と中に関しては他領に出すことが禁じられた。関所には馬改め役が置かれ、馬を伴う者は通行手形がなければ通行できなかった。それを犯す者は密馬として厳重に処罰された。

そうした政策の結果、南部馬の優秀性は長期間にわたり保たれた。

徳川幕府では毎年春と秋、諸国から馬を買い上げたが、盛岡藩からはそのたびに百頭から百五十頭の名馬が江戸に送られたという。

江戸時代初期には、幕府からは秋になると馬買い役人がやって来た。盛岡藩にとって馬は重要な収入源であったので、丁重に馬買い役人をもてなしたと記録は伝えている（「盛岡藩雑書」）。

樹跳馬図絵馬
（『北の馬文化』（岩手県立博物館）より）

もっとも、元禄四年(一六九一)には馬買い役人の来訪は中止され、以後は「上せ馬」として藩から江戸へ届けられるようになった。

林業の振興

盛岡藩の領地は元々、米作にはあまり適さない。そのため、林業は重要な産業として位置づけられていた。材木の管理などは御山奉行が担当していた。なかには良質のヒバを産出する「御囲い山」などがあった。村民は草を採るためや薪炭にするために山に入るが、入会権が認められており、自主的に山を管理していた。

藩にとっては、材木は重要な財政基盤のひとつであった。伐採された材木は、御用商人を介して江戸のほか各地に移出された。

これも盛岡

建築散歩——啄木・賢治の生きた時代を偲ぶ

もりおか啄木・賢治青春館

石川《いしかわ》啄木《たくぼく》(一八八六～一九一二)と宮沢賢治(一八九六～一九三三)は、ともに日本を代表する文学者である。盛岡中学校の先輩後輩であり、盛岡で青春時代を過ごした。盛岡には比較的多く、ふたりが過ごした町並みが残されている。注意深く辿れば、明治、大正時代の面影に触れることができる。二〇〇二年(平成十四)十一月二十八日、もりおか啄木・賢治青春館がオープンした。その名のとおり、この施設の中に入れば啄木・賢治に関するパネル展示があり、ふたりの足跡を辿ることができる。

　この建物は元々、一九一〇年(明治四十三)第九十銀行として竣工した。設計は盛岡出身の建築家・横浜《よこはま》勉《つとむ》。第九十銀行は一九三一年の金融恐慌の際に、県が主体となって設立された岩手殖産銀行(現岩手銀行)に吸収され、建物も岩手銀行の所有になった。だが、使用していた関連会社の移転などに伴い、外観は汚れ、内部はすっかり往時の面影をなくしていた。

　一九九九年、盛岡市はこの建物を運輸省の「盛岡快適観光空間整備事業」におけるテーマ館として位置付け、詳細調査を行ったうえで、保存活用することに決めた。建物では啄木・賢治に関する常設展示のほか、テーマ展示も随時行われ、多くの見物客を集めている。二〇〇四年七月六日には、歴史的な価値の高さが認められ、国の重要文化財に指定された。

岩手銀行中ノ橋支店

盛岡城跡から中津川にかかる中ノ橋を渡ると、赤レンガ造りに緑色のドームをもつ建物が見えてくる。岩手銀行中ノ橋支店である。岩手銀行の前身である盛岡銀行は、一八九六年(明治二十九)、地元の実業家数人が中心となって営業を開始した。この建物はその本店として一九〇八年に起工、一九一一年に竣工したものである。

　宮沢賢治はこの建物を見て、既視感を覚えなかったであろうか。なぜなら、設計者は東京駅の設計者として知られる辰野金吾とその弟子の平泉出身葛西万司であるから。外壁は東京駅と同様に赤レンガタイル張りで、白い花崗岩を配して装飾が整えられている。賢治は九度にわたり上京し、合計三百五十日あまりを東京で過ごしている(拙著『宮沢賢治の東京』参照)。

　上京し、東京駅に

降り立つたびに、賢治は盛岡銀行本店の建物を思い浮かべたに違いない。叔父の宮沢常治は、盛岡銀行創立に馳せ参じた実業家のひとりであった。

岩手大学農学部附属農業資料館

賢治が学んだ盛岡高等農林学校本館（現岩手大学農学部附属農業教育資料館）は、国の需要文化財に指定されている（一九九四年）。

旧盛岡高等農林は一九〇二年（明治三十五）に日本初の高等農林として創立され、翌年開校した。本館の完成は一九一二年（明治四十五）のことで、木造二階建ての洋風建築。老朽化を理由に取り壊しが検討されたが、同窓生らによる保存を求める声が高まり、修理後の一九七八年から資料館として利用されている。明治の学校建築の姿を今に伝える貴重な建造物であり、中に入れば賢治が生きた時代にさかのぼることができる。付近には植物園があり、

心がなごむ空間が広がっている。

盛岡に歴史的建造物が多く残っているのには、理由がある。高度経済成長の過程で多くの歴史的環境が破壊されたが、盛岡市では全国的にみてもかなり早い時期に歴史的環境の保存に取り組んでいるのだ。一九五六年、盛岡市内を流れる中津川にコンクリートの堤防をつくろうという計画が建設省より出されたが、市民がその計画は景観を乱すものだとして立ち上がり、実施を阻んだのである。その気運は一九七一年の自然環境保全条例の制定を生み、一九七六年にはその条例に歴史的環境の保全が加えられた。岩手銀行中ノ橋支店は盛岡市の保存建造物指定第一号であり（木原啓吉著『歴史的環境』）、現在、二四件が盛岡市指定保存建造物に指定されている。

小岩井農場

日本で最大規模の民間農場として知られる小岩井農場は、一八九一年（明治二十四）に開設された。「小岩井」とは、共同創始者である小野義真《おのぎしん》（日本鉄道株式会社副社長）、岩崎弥之助（三菱社社長）、井上勝（鉄道庁長官）の頭文字を採ったものである。一八九九年からは岩崎弥之助の跡を継いだ久弥が場主となり、経営に当たった。

当初は火山灰地が広がる不毛の原野だったが、畜産振興を柱と定め、一九〇一年にオランダなどから乳用種牛の輸入を開始し、品種改良に努めた。バター・チーズ・牛乳の製造技術を確立し、乳業技術のパイオニアとして発展を遂げた。第二次世界大戦以前には、競馬で活躍した名馬が輩出している。現在は従来の農林畜産業に加え、観光にも力を入れており、四季を通じて全国各地から観光客を集めている。

小岩井農場本部事務所は一九〇三年に建てられた洋風建築である。盛岡中学校（現盛岡一高校）在学時に何度となく小岩井農場を訪れた賢治は、この建物にひかれたらしく、「本部の気取った建物」と長編詩「小岩井農場」でうたっている。一九九六年、国の文化財に指定されている。

なお、盛岡を拠点に活動している文化地層研究会（高橋智代表）では、『盛岡　啄木・賢治「青春の記憶」探求地図』を制作し、全国で無料配布中。くわしくはホームページ(http://bunkachiso.hp.infoseek.co.jp/) をご覧下さい。

これも盛岡

お国自慢

ここにもいた盛岡人②

近世・近代日本を彩る盛岡出身者たち

国際的物理学者

田中舘《たなかだて》愛橘《あいきつ》（一八五六〜一九五二）

現在の二戸《にのへ》市福岡に盛岡藩士の子として生まれる。上京後慶応義塾や英語学校で英語を学んだ後、東京帝国大学理学部に入学。物理学者として日本全国の地磁気測定に大きな業績を遺したほか、度量衡、航空学へも貢献した。日本式ローマ字を発案し、その普及にも尽力している。田中館の講義について、「業《ママ》々しく俺は教えてやるぞという態度は決して示されない。笑いながらひょい〳〵と教えが出てくる。天衣無縫の人徳の然らしめる所」と門下生は語っている。一九四〇年(昭和十五)刊行の『岩手県大鑑』には、「正三勲一　理博　貴族院議員　東大名誉教授　帝国学士院会員　日本ローマ字会長　帝国飛行協会副会長さきに仏国政府より勲章を授与さる」と記されており、多方面での活躍がうかがわれる。一九四四年には、岩手県人としては最初の文化勲章を受賞。一九五二年五月二十一日、九十五歳で死去。

京都帝国大学で東洋史学の基礎を築く

内藤《ないとう》湖南《こなん》（一八六六〜一九三四）

旧盛岡藩領の鹿角《かづの》郡毛馬内《けまない》に生まれる。秋田師範を卒業後上京、雑誌『日本人』『台湾日報』『大阪朝日』『万朝報』の記者として健筆を振るう。一九〇七年(明治四十)、同郷の碩学・狩野亨吉《かのうこうきち》(初代文学部長)により、創立したばかりの京都帝国大学に招かれる。やがて講師から教授となり、同大学における東洋史学の基礎を築いた。江戸時代の儒学、医学、国学についても独創的な論を展開した。

台湾に関する人類学研究者

伊能《いのう》嘉矩《かのり》（一八六七〜一九二五）

遠野生まれ。岩手師範学校に入学するがなじめず放校となり上京、毎日新聞社に入社。記者生活を送る。一八九三年(明治二十六)、人類学者坪井正五郎に師事。一八九五年、鳥井龍蔵らとともに「人類学講習会」を開催。同年十一月に台湾に渡り、台湾の歴史・習俗の研究を十年にわたり行う。その実証的な台湾学は一九二八年(昭和三)、柳田国男の尽力で『台湾文化志』として刊行された。

英語が堪能な日本中世史の権威

原《はら》勝郎《かつろう》（一八七一〜一九二四）

盛岡生まれ。盛岡中学校を首席で卒業。旧制一高から東京帝国大学に進み、卒業と同時に徴兵制により三年間の軍隊生活を体験。除隊後旧制一高教授、京都大学教授となり、文学部長を務める。一九〇二年(明治三十五)「日本中世史」で文学博士の学位を取得。西洋史家によって書かれた日本中世史として学会に波紋を投げかけた。英語が堪能で、日本で初めて英語による日本通史を執筆。

文化勲章を受章した刑法学者

小野《おの》清一郎《せいいちろう》（一八九一〜一九八六）

盛岡に生まれる。盛岡中学校から旧制一高にトップで入学した。東京帝国大学に進み、牧野英一に師事。同大卒業後、東京地裁・区裁検事を経て、東京帝国大学で教鞭をとる。仏・独国に留学後、一九三三年(昭和八)、「刑法に於ける名誉の保護」で法学博士となった。一九四六年、公職追放となり大学を退官。極東国際軍事裁判では弁護士をつとめた。一九六五年、勲一等瑞宝章を、一九七一年には文化勲章を受章。

第四章 城下の人々の生活と文化

城下の町割りが定まり、商人や職人が定住し、文化が形成されていった。

1 城下の構成と寺院

南部氏は盛岡城を築く際に、ゆかりの寺院を移転させているが、それが寺町の形成を促した。城下の人々の心の拠り所として、盛岡八幡宮が建立され、付近は歓楽街として繁栄した。観音信仰、庚申信仰、念仏講などの民間信仰も人々の間に浸透していった。

雑多な人々の集合体

盛岡城下は、江戸時代後期には、二八の町で構成されていた。その構成員は武士、町人、医者、寺社関係者である。

城下に人々が増え、争いごとも増えてきたので、重直の時代の寛永十年（一六三三）に、初めて城下に町奉行が置かれた。城下は三戸の旧城下から移り住んだ者、近郊から集まってきた者、諸国から集められた職人たち、近江商人をはじめとする商人たちなど、雑多な人々の集合体であった。盛岡藩としては、これらの人々に城下に長く住んでもらい、城下町として発展させてゆく必要があった。

寺請制度と檀家

人々の心の拠りどころは、寺院である。江戸時代、盛岡城下には八十近い寺院があった。現代より、三十程度多い。

それらを大別すると、従来からあった寺院、南部氏の旧領地である三戸などから移転してきた寺院、南部氏の新領地である志和などから移転してきた寺院、以上の寺院の末寺として建立された寺院に分けられる。

従来から不来方の地、あるいはその周辺にあった寺院としては東顕寺《とうけんじ》、天昌寺《てんしょうじ》、永祥院《えいしょういん》が挙げられる。東顕寺は中世以来、不来方《こずかた》氏（福士氏）の菩提寺《ぼだいじ》とされた寺院である。天昌寺は以前は下厨川《くりやがわ》にあり、栗谷川《くりやがわ》氏（工藤氏）の菩提寺。永祥院は鵜飼から材木町に移転してきた。

南部氏は盛岡に城を築く際に、ゆかりの寺院も移転させている。先祖の菩提寺である。東禅寺《とうぜんじ》は遠野から移され、永福寺《えいふくじ》・報恩寺《ほうおんじ》・教浄寺《きょうじょうじ》・聖寿寺《しょうじゅじ》は三戸から移された。これらの寺を盛岡五山と呼び、ほかの寺にない格式があった。

そのうち、永福寺と聖寿寺には特別な役割が担わされた。永福寺は正月など、あらゆる城中の祈願やおはらいを取り仕切った。鬼門鎮護《きもんちんご》の位置に配置され、城下を守る寺とされたためである。一方の聖寿寺は城の北に配置され、藩主の墓が置かれた。

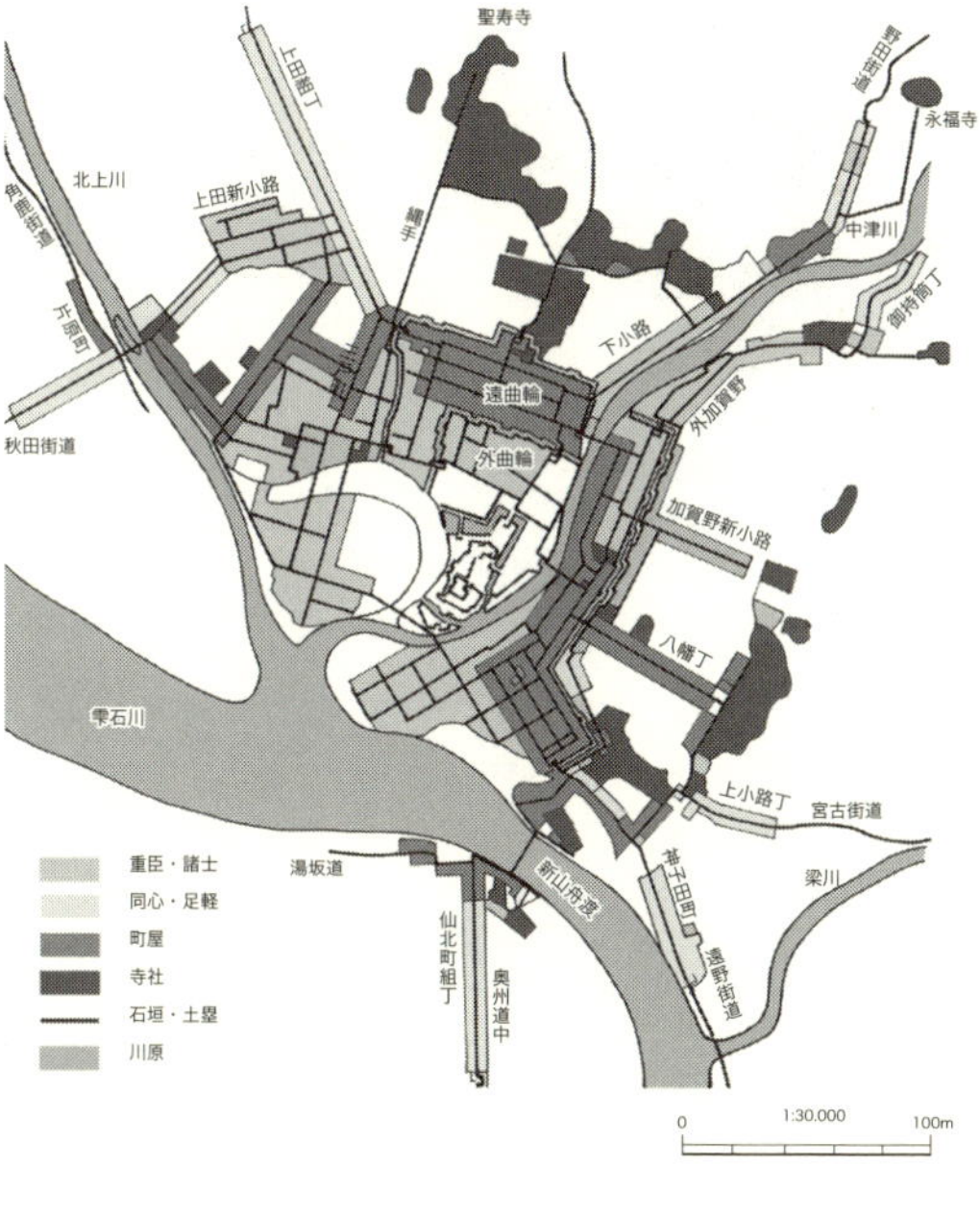

江戸後期の城下

〔『盛岡城下の街づくり』（盛岡市中央公民館）より〕

新しい領地である志和や稗貫などから移転してきた寺院としては、古館《ふるだて》から移転してきた本誓寺《ほんせいじ》や高水寺《こうすいじ》、外川目の岳から移転してきた妙泉寺《みょうせんじ》、日詰《ひづめ》より移転してきた広福寺《こうふくじ》（後の法輪寺《ほうりんじ》）などがあった。

城下やその周辺の寺院を宗派別にみると、真言宗、曹洞宗、浄土宗の順に多かった。

曹洞宗や臨済宗は禅宗で、武士階級の信仰を集めた。南部氏の祈願や祈禱《きとう》を担った寺院には真言宗や天台宗が多く、武士以外の人々は浄土宗や浄土真宗の信者となった。

表　寺社の宗派と主な寺院

宗派	寺数	主な寺院	石高	末寺数
真言宗	16	永福寺＊	833石	6
		妙泉寺	107石	—
		法明院	52石	—
		大荘厳寺	30石	—
		長谷寺	42石	—
		高水寺	50石	—
		中台院	20石	—
臨済宗	9	聖寿寺＊	500石	4
		東禅寺＊	200石	1
		法泉寺	100石	—
曹洞宗	13	報恩寺＊	200石	5
		祇陀寺	52石	1
		東顕寺	20石	2
		源勝寺	10石	1
		永泉寺		—
時宗	1	教浄寺＊	200石	—
天台宗	9	法輪寺	300石	6
		大勝寺	11石	—
行人派	1	明王院		
黄檗宗	3	大慈寺	63石	2
日蓮宗	3	法華寺		2
浄土宗	13	光台寺	150石	6
		円光寺	50石	2
		吉祥寺	50石	—
		大泉寺	50石	3
		正覚寺	50石	—
浄土真宗	8	本誓寺		3
		願教寺		2
不詳		新山寺	120石	
		大奥寺	10石	

注1　主な寺院は寺領石高がわかっているもの、盛岡に末寺のあるものに限り、末寺数は盛岡のみ（『盛岡市史』による）

注2　＊印は盛岡五山と呼ばれ、藩内で寺格の高い寺とされた

〔『盛岡城下の街づくり』（盛岡市中央公民館）より〕

近江商人など町人層が厚く信仰したのが浄土真宗である。なかでも本誓寺は東本願寺派で、宗祖として知られる親鸞《しんらん》聖人の直弟子のひとりである是信房《ぜしんぼう》が建立した由緒ある寺としてその名を知られ、諸国から多くの巡拝者を集めた。

寺の配置であるが、基本的に、檀家のある寺に関しては城郭の外側に置かれた。こうしてできた町が北山で、寺町とも呼ばれる。

徳川幕府はキリスト教を禁止し、各藩にもその政策を徹底させるようにした。その舞台となったのが、寺院であった。

寺院は元々先祖を供養するための場であり、学問の場でもある。それに加えて、江戸時代にはキリスト教を禁止するための装置でもあった。

それまで寺院の中には檀家を持たない寺院もあった。庶民の修行の場としての役割しかもたなかったのである。

ところが、寺請制度が確立することで人々は檀那寺を決めることを余儀なくされた。寺の境内に墓地を造り、荼毘《だび》に付すことがふつうになった。それを拒否すれば、キリシタンと疑われるのでその風俗は次第に浸透していったのである。

盛岡八幡宮

こうして、各自が檀那寺を持つようになったが、盛岡藩としては城下の人々の

盛岡の流鏑馬《やぶさめ》神事
〔『盛岡の文化財』（盛岡市教育委員会）より〕

心の拠りどころとして、盛岡八幡宮の建立が必要とされた。

元々、南部家では八幡神を崇めまつってきており、その八幡信仰を城下の人々まで広めようとする意図もあった。当初は盛岡城の城内に祀られてあったのを移し、広く信仰させようとしたのだ。

寛文十一年(一六七一)、藩主重信の時代、世子行信《ゆきのぶ》により整地工事が始められ、延宝七年(一六七九)に社殿が完成した。

社の形態を整えた後、家中や庶民は新しい八幡宮を参詣すべきものとされ、城内の八幡社への参詣は禁じられた。藩命により八幡宮は修験宗金剛院が世襲の別当となり、奉仕や管理に当たった。

重信の跡を元禄五年(一六九二)に継いだ五代藩主・行信は参道をつくるとともに、周辺を「八幡町《はちまんちょう》」と名づけ町家を建てさせた。それ以前の八幡宮の社前は田地であったが、それを埋めて門前町が建設された。

当初は市日を設けるとともに、ほかの町の市を禁止した。それに伴い、次第に茶屋や飲食店が建ち並ぶようになり、八幡町は藩内随一の歓楽街として発展するようになった。

延宝九年に始まった祭礼は、やがて城下二三町が山車を繰り出す盛岡を代表するお祭りになっていった。

民間信仰

庶民の中には既存の宗教では飽きたらず、民間信仰に走る人々もいた。盛岡藩内で信仰されていた民間信仰としては三十三観音、庚申《こうしん》信仰、念仏講、かくし念仏などがあった。元々、民間には観音信仰があり、観音を安置した三十三の霊場を巡る巡礼が各地で盛んに行われてきた。ところが、有名な西国三十三カ所の霊場へは、遠方のため行けない。そのために、和賀・稗貫・志和の三郡内の観音をたどる三十三カ所の霊場巡りが行われるようになった。やがて、盛岡城下にも盛岡三十三観音の札所が定められ、巡拝が盛んになった。

観音信仰の変形として、馬《ば》頭観音《とうかんのん》も現れた。馬や牛の息災安全を祈願して各地で路傍に供養碑が建てられた。馬産地である領内では、馬頭観音の普及が顕著であった。

一方、庚申信仰は、江戸時代に民間に広まった信仰である。元々道教の信仰で、六十日ごとにめぐってくる庚申の日に行われた庚申待ちの行事で、仏教行事として武士や公家に広まっていった。その日になると、飲食を共にしながら、終夜語り明かした。盛岡城下でも庚申信仰が盛んであり、多くの庚申塔が建てられた。

浄土宗系の念仏信仰が念仏講である。阿弥陀仏を信じる人々が集まり、称名念

馬頭観音座像（北上市煤孫寺）
『北の馬文化』（岩手県立博物館）より

仏につとめた講中である。時節を定め、当番の家に集まり、一同で称名念仏につとめたとされる。城下には、念仏講の人々が建てた名号碑が数多く残されている。また、領内では南無阿弥陀仏の名号を百万遍唱える、百万遍念仏の信者もいた。浄土往生や死者を追善するために行われた民間信仰である。

古来、盛岡地方にはかくし念仏の信仰もみられた。この信仰は、宗派とはかかわりのない教えである。阿弥陀仏の本願力のお助けに与ることで、後生は迷わず浄土に往生できるという他力本願の民間宗教であった。

ほかの民間信仰としてはオシラサマ、蒼前信仰などがある。

原敬と大慈寺

新八幡宮を建立した頃のエピソードをひとつ紹介する。原敬《はらたかし》に関するものである。

行信の時代、原敬の祖先の原茂兵衛《もへえ》は出世して勘定頭に進み、儒学派の幹部であった。そこに事件が持ち上がった。行信が病気になり、回復の望みがなく、世子の信恩《のぶおき》が藩主を継ぐのは時間の問題であった。

だが、信恩はキリシタンの血を引いているという噂があった。儒学派としては、許されることではない。原茂兵衛らは行信存命中に何とかせねばと思い、世子廃立の建白書を病床の行信に提出した。

ところが、その意見書を見た行信は大いに驚き、逆に信恩に対し、彼らを処罰するように命じて亡くなった。信恩が藩主となり、遺言どおり処罰が実施された。十数名の儒学派の幹部には斬罪、追放などの処分がなされた。

原茂兵衛は家禄を没収となり、失職の憂き目にあった。

失意の茂兵衛は、菩提寺の光台寺《こうだいじ》を訪ね、助けを求めた。だが、住職は藩主から罰せられた者を助けるわけにはいかないと断った。

茂兵衛はやむなく、懇意にしていた大慈寺《だいじじ》の住職恵歓を訪ねた。話を聞いた住職は、光台寺から檀那寺を移すことに同意し、援助も約束した。

茂兵衛は、長町に寺子屋を開き、糊口《ここう》をしのいだ。恵歓とともに学問に励み、政治を論じた。浪人生活のかたわら、新田を開発した。

やがて、将軍綱吉《つなよし》が亡くなり、大赦令が発布された。茂兵衛は、三十石で復職することができた。数年で新田三十二石を加え、六十二石となった。

その後、三代を経て、原直記《なおき》（敬の祖父）のときには二百石に加増された。

代々、原家では大慈寺の恩を遺言で伝えていた。

原敬は故郷を出て、総理大臣となり、その恩に報いた。寂れていた大慈寺を独力で復興したのである。大正八年（一九一九）七月のことであった。

原敬が復興した大慈寺本堂
〔『歩いて楽しむまち盛岡』より〕

②商人と職人の生活

近江商人などが盛岡城下に進出し、御用商人として繁栄した。
盛岡城の築城に多くの職人が動員されたが、築城後、定住する者も多かった。
南部鉄瓶や南部杜氏の発祥もあった。

近江商人

盛岡城下の町割りが定まるにつれて、付近や遠方から商人が集まり、定住活動をするようになっていった。

領内から集まって来た商人の町としては、岩手町（後の材木町）、久慈町（後の茅町）、三戸町があった。津軽からやって来た商人は津軽町（後の津志田）に住み、秋田の仙北郡からやって来た商人は仙北町に住んだ。

遠方としては、大坂・美濃・伊勢・富山・近江国高島郡などからやって来た商人が領内に定着した。

なかでも注目されるのは、近江商人である。元々近江商人は全国各地に支店を持ち、活動を広げていたが、盛岡城下にも進出することになった。後に、御用商人として繁栄し、藩の財政を担うまでになる。

近江商人は慶長十八年(一六一三)には盛岡に来ていると確認されているが、その始祖は村井新七《むらいしんしち》といわれている。

村井新七は京町(現本町)に住んで商業を営んだが、そこに後からやって来る近江商人がわらじを脱いで、次第に盛岡に定住するようになっていったのである。

京町は大手門前につくられた町であった。奥州街道や小本《おもと》街道の起点であることから、御用商人の町として発展した。町並みが賑やかで活気に満ちており、河北の歓楽街としても栄えた。河南の歓楽街は八幡宮建立を契機として栄えた八幡町である。

村井家を地盤として、次第に近江商人が頻繁にやって来るようになり、地歩を固めていったのである。

やがて近江商人は豪商として、城下の経済を掌握するようになり、藩政にも関与するようになった。

商われたのは、両替、質屋、酒・味噌・醤油などの醸造業、呉服、漆器、海産物、日用雑貨など多岐にわたる。当初は街道筋沿いで商われていたが、次第に城下に入り、城の正面にあった京町、八日町、三戸町、紙町などが商店街になっていった。なかでも栄えたのが京町である。

村井権兵衛

近江商人の中で、最も栄華を極めたのが志和郡にやって来た村井権兵衛《むらいごんべえ》であった。やはり、村井新七方にわらじを脱いだ。旧姓は小野だったが、村井の親類分となり、村井に改めた。

志和郡は米どころであり、砂金地帯であった。ここで権兵衛は造り酒屋や質屋を商い、産をなした。

その後、兄善助を招いて井筒屋善助《いづつやぜんすけ》としたほか、井筒屋清助《きよすけ》、井筒屋権右衛門《けんうえもん》、村井又兵衛《またべえ》などの別家を多く創設した。

村井権兵衛のグループは財閥を形成し、藩財政の命運を担うまでになってゆく。藩に納める御用金が、藩財政を賄うことになるのである。

当初金山の発掘のおかげで潤っていた藩財政だが、次第に金山が枯渇し、窮乏するようになっていった。そのときに、藩は豪商として成長してきた近江商人たちに、御用金を課したのである。

その最初は享保十六年（一七三一）、江戸藩邸が焼失したときとされている。次第に、飢餓救済費・京都守護費・藩主相続費・藩邸建設費・財政繰合金などさまざまな名目で徴収されるようになった。

幕末にかけて、その動きは加速され、豪商の御用金がなければ藩は立ちゆかなくなっていった。

あまりの御用金の多さに耐えかね、現金取引に転じて藩の注文を井筒屋は拒否しようとした。

すると、藩では安政六年(一八五九)十月、井筒屋権右衛門・善助に対し、領内での居住を禁止した。

その際に井筒屋は、藩から返金されず立ち退きを余儀なくされ、京都に移った。二年後の文久元年に領内追放が解除されて領内へと戻ったが、その頃にはかつての勢いはなくなっていた。

木津屋と糸治

藩政時代から続く老舗に木津屋《きづ》がある。重直の時代、方長老にひかれて盛岡に移り住むようになった。新穀町惣門の前に文房具店を開いている。現在でもこの周辺は、藩政時代の名残が見られる。

江戸時代、城下はたびたび火事に見舞われた。そのたびに建物は類焼したが、豪商といわれる商家は比較的軽微な被害で済んでいる。防火対策がしっかりしていたからである。木津屋もまた、そのひとつである。

豪商木津屋藤兵衛の諸帳簿
〔『図説 盛岡四百年』(郷土文化研究会)より〕

火事に対抗するために、木津屋では店舗を土蔵造りにしている。また、屋根には防火用天水桶を設置し、卯建《うだつ》を上げている。その上、家訓や店の心得で火の用心をうたい、不寝番《ふしんばん》を置いて火災の発生に留意した。万一火災の発生の場合にも対応できるように、帳簿類の保管に気を遣った。現在でも、その頃の防火用具は保管されており、往時をしのぶことができる。

やはり、穀町で、天明二年(一七八二)に商いを始めた生糸商人・糸治《いとじ》も防火に力を入れていた。

糸治はすでにないが、天保六年(一八三五)に建てられた建物が現存し、盛岡市中央公民館に移築されている。建築家・谷口吉郎《たにぐちきちろう》の尽力により、文化財に指定されている。近年亡くなった末裔の中村七三《なかむらしちぞう》氏の述懐によると、常日頃火を出さないように注意していたという。

十一屋物語

盛岡城築城と同時に盛岡に移り住み、激動の時代を生き抜いてきた商家に十一屋《じゅういちや》がある。その四百年にわたる歴史を十七代に当たる高橋政祺《まさよし》さんが本にまとめた(『十一屋物語』盛岡タイムス)。

初代祐政《すけまさ》が三日町(現清水町)に店を構えたのは慶長年間のことで、新穀町に

旧中村家住宅
〔『盛岡の文化財』(盛岡市教育委員会)より〕

あった惣門にほど近い街道筋にあったという。二代目正吉の代から酒造りに手を染め、財をなした。藩への献金も多額に上り、大慈寺町にある久昌寺《きゅうしょうじ》の建立にたくわえた金を振り向けたという。久昌寺は新渡戸《にとべ》稲造《いなぞう》など新渡戸家の菩提寺として有名である。その子孫の分家が六日町に店を出し、酒造りをしたが、これが現在に続いている十一屋である。

やがて、十一屋は盛岡一の酒屋となり、酒屋支配元を命じられることになる。享保十五年（一七三〇）秋、八代藩主利視《としみ》が参勤交代で国許に帰りたいが、費用が足りない。「一千両を調達して江戸表に持参すべし」という命令が下ったが、頭だった政福が仲間と共同でその金を工面した記録が残っている。

その頃すでに、藩財政は厳しくなっており、それに凶作が追討ちをかける。飢饉が続き、酒米を確保できず、十一屋は酒屋を廃業。旅館業に転じた。その後は米穀差配、小間物、文具、食料品店と業態を変化させながらも今日まで生き延びてきた。藩政に翻弄されながらも、たくましく生き抜いてきた商家の歴史がこの本には描かれている。

城下の職人

元々、盛岡城の築城には大工・壁塗り・金具師などの多くの職人が動員されたが、築城には多くの歳月を要したことから職人が定住するようになった。それに加え、重直の時代には江戸から釜師を招聘するなど、商人と同様、全国から集められ、定住した者も多かった。

城下のお抱え職人に関しては、幕末期の「諸職人・末々之者身帯帳」によれば、(一) 武具奉行支配の職人、(二) 小納戸支配の職人、(三) 大納戸支配の職人、(四) 作事奉行支配の職人に大別されていた。

そのうち、武具奉行支配の職人は、武具の製作・修繕・保管に当たり、甲冑仕立師、鉄砲鍛冶、鉄砲金具師などが相当した。

小納戸支配の職人は、武器・調度品などの製作や修繕に当たった。打物鍛冶、研師、鉄砲師、彫物師、蒔絵師、細工師、金具師、鋳物師、釜師、馬具師、甲冑師、御絵師、衣服師、時計師などがいた。

大納戸支配の職人としては、合羽師、紺屋、紙屋、鍛冶師、塗師、仕立師、竹細工師などがいた。

作事奉行は、場内の造営・修繕・土木工事を担当した。その支配下の職人としては、大工、鍛冶、左官、屋根葺き、石工、桶屋、塗師、土器師、銅葺き、畳刺、鋳物、木挽などがいた。

これらのお抱え職人の中には名字帯刀を許された者もいたが、その多くは身分が低く、わずかの扶持米を与えられたにすぎなかった。城下には大工町、鍛冶町、紙町などの職人町があり、当初は職人が集住する傾向が見られたが、時代が経るに従い、分かれて住むようになっていった。

南部鉄瓶の発祥

南部鉄瓶は現在でも有名だが、その発祥は江戸時代にあった。今に続く釜師・小泉仁左衛門は、万治二年(一六五九)、盛岡に移り住んだ。最初の頃は細工場を建て、茶道用の釜作りに専念した。藩内唯一の釜師として御小納戸支配職人に属していた。南部家当主のための身の回りの品を納める御用職人である。待遇は十駄八人扶持★とかなりの厚遇といえよう。

これは重直が茶道に通じており、茶釜作り専門の鋳金職人として江戸より、召し抱えたためである。

また、鐘の鋳方や兵糧釜の作り方は秘伝で、大事であることから、特別待遇になったものと思われる。

三代仁左衛門の頃に、今のような形状の南部鉄瓶が作られたといわれている。その後、次第に殿様のお土産となり、盛岡藩を代表する特産品となっていった。

なお、ほかのお抱え職人としては甲斐からやって来た鈴木家が現在まで続いている。重直の時代に、縫殿《ぬい》という名の人が召し出されて、志和郡土橋に百石を給

▼十駄八人扶持
盛岡藩では佐々木正郎氏談によると、一人扶持というのは一カ月に一斗八升五合を支給されるものをいい、一斗八升五合とは蔵米一俵、即ち三斗七升の半分で、一人一カ年の飯米は三駄、即ち二石二斗二升をもって標準としたとのことである。
(一ノ倉則文編『用語 南部盛岡藩辞典』)

せられたと記録に残っている。藩に依頼され、武器類、大砲、鉄砲などを作っている。

南部杜氏

盛岡藩は、酒造りをする職人、杜氏《とうじ》が多く輩出したことでも知られている。南部杜氏は、近江商人である村井権兵衛が志和郡上平沢《かみひらさわ》で造り酒屋を始めたことに由来しているという。上平沢は八戸藩の飛び地であり、米どころである。

八戸藩では粟《あわ》や稗《ひえ》は穫れるが、米は取れない。だから、米どころの志和地区が飛び地になったのである。

村井権兵衛は、延宝五年(一六七七)に造り酒屋を始め、関西流の醸造方法を採用していた。京都に本店を持ち、南部領内から奉公人を雇い入れ、醸造技術を学ばせたといわれている。

元々は大坂の三池から池田流という流儀を学ばせたのである。当時すでに、池田流の酒造りは江戸でも評判を呼んでいた。

関西流の醸造方法を学んだ人々は、文化年間(十九世紀初期)になると、仙台領の酒造業者から招かれるようになった。仙台領で行われていた方法よりも、関西流のほうが清酒の生産効率が高かったからである。

杜氏はやがて、頭・麹《こうじ》師・釜師などを率いて、農作業が一段落した冬が到来すると、移動するようになる。南部領からの杜氏ということで、次第に南部杜氏として知られるようになるのである。評判が広まって、次第に関西・関東方面にも移動するようになっていった。

なお、村井権兵衛が始めた造り酒屋近江屋は十数軒の下請け酒屋を持ち、醸造を委託していたという。

下請けの酒屋は引酒屋と呼ばれ、元々農家であり、農業の副業として始められた。近江屋専属の杜氏から指導してもらい、次第に技術を身につけていくのである。酒造りが産業として発展したのは大正時代になってからのことで、南部杜氏は全国に散らばって、酒の醸造技術を伝えることになった。

なお、現在、花巻市石鳥谷には南部《なんぶ》杜氏《とじ》伝承館《でんしょうかん》が建てられており、藩政時代からの酒造りの歴史を体感しながら見学できる。

南部火消し

豪商は独自に防火態勢を整えていたが、町単位の防火組織も次第に整備されていった。町方消防組ができはじめるのは、十一代利敬《としたか》の時代である。寛政十一年(一七九九)二月十七日、長町の若者二五人から消防を務めたいという願い出がな

南部杜氏伝承館
(『いわての博物館』より)

された。

その費用としては七五文を要する。そのうち六〇文は町からの寄付で得られるが、不足の一五文は藩で都合してくれないかという申し出である。藩では詮議の上、許可した。これが町方消防組の始めとされる。

すでに、藩では御用鳶《とび》（お抱え火消し）の制度があった。それは以下のいきさつがあったからだ。

元文五年（一七四〇）十一月、加賀藩主・前田吉徳の四女が南部利雄《としかつ》に輿入れしたときのこと。加賀鳶の者が行列に参加していたが、その中で加賀野に永住する者がいた。藩ではその中から火消し役を任命し、消火活動に当たらせたのである。

天明三年（一七八三）のことである。

十一代利敬は元々、消防への関心が高く、御用鳶を江戸に派遣して消防方法を学ばせたともいわれる。

藩内でも消防組織を作らせようという指導奨励があり、町内での自営組織として、長町消防組が生まれたのである。

以後、町ごとに計画が進められ、城下二三町で三町一組にして雇い火消しを編成するようになった。一組一二〇人で、総じていえば九六〇人、役人を加えて約千人の消防組織が城下に生まれたのである。この組織は変遷を経ながらも、現代に続いている。

中村家卯建
〔『盛岡城下の街づくり』（盛岡市中央公民館）より〕

中村家火消しうちわ
〔『盛岡城下の街づくり』（盛岡市中央公民館）より〕

これも盛岡

鈴木彦次郎と『街　もりおか』、川端康成、文士劇

盛岡市には、『街　もりおか』というタウン誌（斎藤《さいとう》五郎《ごろう》編集長）がある。昭和四十三年（一九六八）の創刊である。全国にはタウン誌が多くあるが、五十年近く続いているとなるとそう多くはない。

『街　もりおか』を創刊したのは、作家・鈴木《すずき》彦次郎《ひこじろう》である。

鈴木彦次郎は明治三十一年（一八九八）十二月二十七日、東京朝日新聞記者の鈴木巌《いわお》、花《はな》の二男として東京深川に生まれた。一家が盛岡に定住することになり、明治三十五年に転居。桜城《さくらぎ》小学校、盛岡中学校（現盛岡一高）と進み、十九歳まで盛岡で過ごす。

上京し、旧制一高、東大英文学科に進学（卒業は国文科）。東大在学中に親しくなった川端《かわばた》康成《やすなり》らとともに、創作を開始、作家としてのスタートを切る。大正十二年創刊の『文藝春秋』同人として活躍、翌十三年には横光利一《よこみつりいち》らと『文芸時代』を創刊している。新感覚派の旗手と目され、戯曲や小説に才能を発揮した。

興味深いのは、川端康成をめぐるエピソードである。川端は大正八年東京にあったカフェで女給をしていた伊藤初代《いとうはつよ》と出会い、恋に落ちた。川端二十一歳で東大在学中、初代十四歳だった。川端は大正十年十月十六日、結婚の申込みをするため、初代の実家のある岩手県岩谷堂《いわやどう》（現奥州市）に向かう。三人の学友が一緒だったが、そのひとりが鈴木彦次郎だった。

結局、その恋は実らなかったが、終生川端は初代の面影を追い続けたという。『伊豆の踊子』などに初恋の思い出が投影されている。

昭和四十九年六月十五日、江刺《えさし》市（現奥州市）岩谷堂に「川端康成ゆかりの地」文学碑が江刺文学懇話会により建てられた。その日、彦次郎は「若き日の川端康成」と題して講演を行っている。

彦次郎は昭和七年前後、大衆文学に新境地を開き、その後十年ほどは時代小説や相撲小説の分野で活躍、多くの作品を残した。

戦時中の疎開がきっかけで、やがて盛岡に生活の拠点を移すことになったが、戦後は岩手県立図書館長、岩手県教育委員副委員長などを務めている。

『街　もりおか』の創刊は多彩な文化活動のひとつだったが、盛岡文士劇も彦次郎が中心となって実現したものだ。昭和二十四年十二月、岩手日報社主催の「文士劇の夕」が岩手県公会堂で開催された。彦次郎のほか、画家の橋本八百二《はしもとやおじ》、深沢省三《ふかざわしょうぞう》らが出演した。歳末助けあいの一助として始まったものという。文藝春秋社主催の文士劇も当時はあった。盛岡の文士劇は昭和三十七年まで行われ、幕を閉じた。

平成七年の秋、三十数年ぶりに盛岡の文士劇が復活した。作家の高橋克彦《たかはしかつひこ》、三好京三《みよしきょうぞう》、斎藤純《さいとうじゅん》らが『白浪五人男《しらなみごにんおとこ》』（原作・河竹木《かわたけもく》阿弥《あみ》、演出・斎藤五郎）を演じた。以後、文士劇は演目を変えて毎年開催され、多くの観客を集めている。

鈴木彦次郎は昭和五十年七月二十三日、七十六歳で亡くなった。墓は、盛岡市願教寺《がんきょうじ》にある。

③ 町内の運営と租税

町奉行の支配下にあった検断には、軽犯罪の裁定などの警察権が認められていた。検断は世襲ではなく、町内の有力者が代々任命されていた。町内の住人には、冥加金夫伝馬税などの税が掛けられた。

検断

町内の役職としては藩からは肝煎《きもいり》と検断《けんだん》が任命されたが、それ以外は町の自治による運営だった。

検断は町奉行の支配下にあり、町ごとに定められていて、軽犯罪の裁定、町内の取り締まりなど警察権が認められていた。宗門改帳の書上げなどは、検断の裏書き証明が必要だった。検断は町奉行を通して出される藩の布達書類を各戸に伝達する役目を担っていた。

検断は原則として世襲ではなく、町内の有力者が代々任命されていた。二八町それぞれに置かれたが、なかには宿老と呼ばれる相談役が置かれる場合もあった。

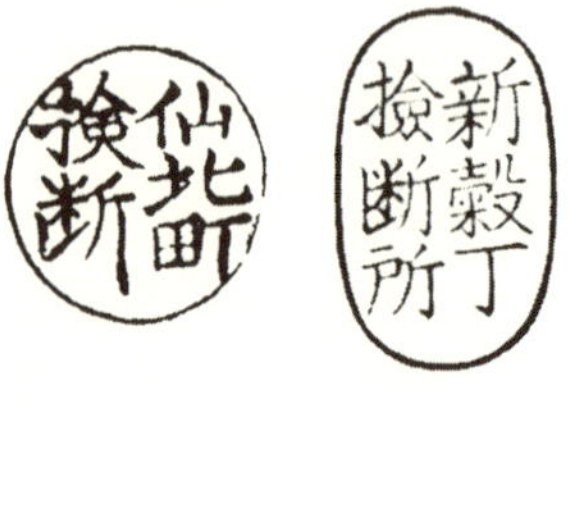

検断印判
［『図説 盛岡四百年』（郷土文化研究会）より］

冥加金と夫伝馬税

町内の住人には、藩から税が掛けられた。

まず負担したのは、冥加金《みょうがきん》である。営業税であり、町人は種別ごとの冥加金を納めることで御勘定所から商札や職札を交付され、初めて営業できるのである。

店構えの間口に応じて、町人は御城内諸経費や城下町諸経費を負担させられた。

御城内諸経費としては、夫伝馬税がある。藩の雑用人夫賃や伝馬の費用などを負担する税である。

また、寺社御町奉行、御役屋、御会所、御勘定所などの諸経費を負担しなければならなかった。

城下町諸経費とは、橋・堰・川・道路・時鐘など公用施設の維持管理費のことで、これは各町への割り当てが決まっていた。

さらに、臨時の諸経費もあった。検断や肝煎の人件費、町内祭典費などはそのつど徴収された。

武士や農民に対するのと同様に、町人に対しても規制があった。たとえば、衣服は絹物が着られず、男女とも木綿に限るとされた。贅沢品である調度類や金・銀などの細工品も禁止された。

それでも、農民に対してよりも規制は緩く、武士や農民と比較するとかなり贅沢な暮らしが可能であった。

そのために、江戸時代が終わり、武家政治が終焉を迎えても、商人は以前と同じような生活ができたのである。

第五章　農民の暮らしと信仰

農民の生活は苦しく、踊りと信仰に救いを求めた。

1

郷村支配

盛岡藩では、小規模単位の郷村を「通」とし、各通に代官を派遣して支配した。
検地の際は役人を現地に派遣し、村ごとに調査を行った。
検地の結果をもとに、年貢や小物成という租税を農民に課した。

代官と通制度

盛岡藩では、城下の町以外は郷村《ごうそん》支配に属した。藩内の一〇郡六百数十カ村を三三地区に編成するという、特別な行政区画があった。その小規模単位の郷村を「通《とおり》」といい、各通に藩から代官が任命された。この通制度により、郷村支配が行われた。代官は通例ふたり制で、原則として交替で執務していた。

通制度は領内の検地が進むにつれて整えられ、寛文（一六六一～七三）から天和（一六八一～八四）の時代には完成されたと推測されている。

享保二十年（一七三五）には三三通であったが、この通の数には変動があった。寛政四年（一七九二）からは、二五通二五代官に固定されている（細井計編『南部と奥州道中』）。通の数が減ったのは、藩財政の窮乏が背景にあった。代官所の数を以前より大幅に減らすことで、出費を抑えようとしたのだ。

代官は勘定奉行の支配に属していた。検見《けみ》立会い、検地の総高吟味、社寺に関すること、宗門改め、牛馬改めなど、藩の示達令の徹底を行うほか、他領者の往来を吟味したり、犯罪の取り扱いまで、郷村に関するすべてのことを処理した。代官はふたり制で、ふつう半年ごとに交替した。

代官に任命されるのは、だいたい五十石程度の身分の藩士であった。非番の代官は勘定所に出勤し、藩と代官所との連絡に当たった。

代官所は、単に官所とも呼ばれた。

三三通のうち盛岡城下に近い上田《うえだ》通・厨川《くりやがわ》通・向中野《むかいなかの》通・見前《みるまえ》通・飯岡《いいおか》通は別格で、「盛岡五官所」と称された。この通は原則として、ほかの通のように代官所を設置せず、代官の役宅が代官所となった。

また、各通には必要に応じて、金山奉行、御町奉行、御蔵奉行、御鳥見役など地方に駐在する役人が置かれていた。

結いと五人組

農業生産は、共同作業を前提とする。藩政下では、そのために自然発生的に近隣や一族の中で、「結い」と称する連帯組織がつくられていた。

結いは農業生産のみの関係ではない。冠婚葬祭や屋根の葺き替えなど、生活のすみずみでこの結いが機能し、農村の暮らしを支えていた。

村の役人としては、肝煎・老名《おとな》・組頭《くみがしら》があった。

肝煎は旧家や地主など、村の有力者から選ばれ、代官所から任命される藩から村人への橋渡し役である。一方で、村の意思を代官を介して藩に伝える役割も担っていた。役場はなく、自宅を役所代わりに使用していた。

肝煎の相談役が老名である。肝煎を助け、年貢米の割り当て、諸経費の集金などに携わった。数名がこの任に当たった。

ほかに、徳川幕府が藩に命じてつくらせた五人組の制度があった。近隣の概ね五戸を一組とする自営組織である。相互に連帯責任があり、キリシタン・盗人・火災などの取り締まりに当たった。この制度により、幕府の政策がすみずみにまで行き渡った。

検地

藩の財政に関しては、検地が最も重要な基礎資料となる。検地とは、農民が保持している土地を測量調査することで、その面積や地味の調べ、米を主とする収納物の生産性を実態調査することである。

元々、豊臣秀吉が先駆けて行ったものであり、盛岡藩では天正十九年(一五九一)にすでに実施されていたと森嘉兵衛《もりかへえ》氏は『盛岡市史』で推測している。

秀吉は武力による天下統一を行おうとしており、そのための軍団を養うためには、兵糧米の確保が必要と考えた。その基礎資料として、全国一律の基準により村ごとの耕作面積や生産高を調べることにした。それ以前はそれぞれの土地の支配者が調査把握していた形跡があるが、基準はまちまちであった。

秀吉は刀狩りを推し進めることで、農民の反抗や反乱を防止した。その結果、兵農分離が進んだ。

その政策は秀吉亡き後、天下を統一し、江戸に幕府を開いた徳川家康によって継承された。

盛岡藩内で記録が残っているのは、正保四年(一六四七)徳川幕府の命令によって差し出したものである。寛永年間(十七世紀前期)に行われた検地をまとめたもので、領内一〇郡五三八カ村に関し、田形、畑形、絵図面が提出された。

検地の役人が現地に派遣され、村ごとに調査を行った。人別・所別に田畑、無役地などすべての土地を一筆ごとに測量縄を打って調べた。坪数と土地柄を調べて、上々田、上田、中田(標準)などと分類し、それ以下を下田、下々田として登記するのである。

その台帳を検地帳といい、その基準に基づき毎年の作況を調べることを検見《けみ》という。検見の指数平均値に一定税率を掛けて貢租とする。この作業により、年貢高が決定される。

定免法と検見法

検見には代官所の役人、村役人全員が立ち会った。検見の方法としては、一束の稲を単位として収量を決める束刈法《たばかりほう》、一坪の稲を刈りそれを単位として収量を決める坪刈法《つぼかりほう》があった。

検見の際には、役人が多人数で地元に宿泊した。その費用は地元の負担となり、村民から徴収された。

課税の方法に関しては、盛岡藩では過去何年間かの税率を平均して決定した税率により年貢を決める定免法《じょうめんほう》が行われたこともあった。元禄十三年(一七〇〇)には、定免法が全領で行われた。その後は検見法《けみほう》が行われたり、定免法が行われたりした。

なお、年貢の村高が確定されると、御判帳、つまり徴収令状が代官から肝煎に渡された。肝煎はそれを村民に確認させた後に、持ち高に応じて、農民ごとに割り当てたのである。御判帳には、年貢の納期も記載されていた。

年貢と小物成

村においては、租税は年貢と小物成《こものなり》から成り立っていた。

年貢は土地の石高に賦課した田畑や屋敷に対する租税で、毎年の収穫高に一定の税率を乗じ、その結果に従い相当の米穀類を徴収した。

村には、藩の直轄地と藩士の知行地とが存在した。藩の直轄地の場合、藩の米蔵に年貢米を納めた。これを御蔵米と称した。一方、藩士の知行地の場合、禄米として藩士のところに納められた。

小物成は雑税類の総称であり、役銭とも呼ばれた。役銭には、夫伝馬税と利用税があった。藩の必要とする人夫や伝馬が割り当てられるのが、夫伝馬税であった。一方、利用税とは新山舟橋など藩の施設を維持管理する目的で、利用する農民に割り当てられた税であった。

年貢米は「五公五民」を建て前としていた。収穫の五割を年貢として納め、残りが農民のものとなる意味だが、実際には農民の負担はこれにとどまらなかった。

農民にはほかに人夫労働義務などの課役があり、年貢に加えてこれらの税を負担することで苦しい生活を余儀なくされたのである。

②

「南部めくら暦」と南部曲がり屋

農民の多くは文字が読めなかったが、そうした農民向けに「南部めくら暦」が発行された。農民の生活は苦しく、飢饉時には大勢の餓死者が出た。馬産地の裕福な農民は「南部曲がり屋」に住み、馬と共存した。その暮らしの名残りが「チャグチャグ馬コ」に伝わっている。

食べ物と衣服

年貢やその他の税で苦しんだ農民の日々の暮らしは当然、質素であった。

とはいえ、その度合いは身分により異なる。農民には、本百姓、水呑み百姓、名子の区別があった。本百姓は土地や家屋を有しており、税を納める義務があった。水呑み百姓は田畑を持たず、本百姓に依存していた。名子は閉伊《へい》郡、二戸郡などに多く存在した。土地や家屋を持たず、主家から家や耕地を借り、農事や家事の手伝いを義務付けられていたが、生活は保障されていた。もちろん、暮らし向きは本百姓、水呑み百姓、名子《なご》の順に豊かであった。

まず、衣服だが、きわめて粗末で、麻布か木綿しか着ることができないよう、制限がなされていた。

女たちは織りあげた麻布を町の染め物屋で染めてもらったほか、帷子《かたびら》や股引、布団、蚊帳《かや》などは自分で作った。木綿は、町から古着として売っているものを買ってこないといけなかった。

そのほかに身につける物といえば、蓑《みの》や笠などであった。雪が降っても、雪合羽の着用は許されなかった。履物は下駄は許されず、手作りの藁草履《わらぞうり》などを履くことが日常であった。

食べ物に関しては、ふだん米作りをしているのにもかかわらず、毎日は米を食べられなかった。米が食べられるのは、冠婚葬祭など特別な日に限られていた。麦・大根・粟などを入れ、米を混ぜあわせたカテ飯を摂るのが日常的であった。山村地帯では、稗《ひえ》飯が常食であった。米は特別な場合に備えて、蓄えるのが常であった。

田山暦

農民の多くは文字が読めない。そうした文字が読めない農民向けに、絵と記号で表現された暦がある。「南部めくら暦」と呼ばれたが、田山暦《たやまごよみ》と盛岡暦《もりおかごよみ》の二系統があり、当時の農民の暮らしぶりを今に伝えている。

まず、田山暦だが、これは旧南部領鹿角郡田山村で発行された。現在は岩手県八幡平《はちまんたい》市に属する。山間の小さな盆地に形成された集落である。

発行者は田山善八《たやまぜんぱち》で、当時一般に流布していた伊勢暦を範としている。横長の紙面で、経文のように折りたたんでおける。文字が読めない農民のために、農具や生活用具、十二支の動物などで、彼岸の入りなどの年中行事を表現し、いつ種をまいたらよいかを表しているのである。はじめは手書きだったが、需要が増すにつれて木活となった。

田山暦は田山を中心に、花輪《はなわ》方面や金田一《きんだいち》など奥州街道沿いに発行が限られていた。なぜ、この地域で発行されたかについては岡田芳朗《おかだよしろう》氏が「田山善八が中尊寺から来往しており、善八の後裔《こうえい》である八幡家が田山一帯をカスミ場とする修験の家であったことから、天台宗の民衆教化のために製作された」と興味深い指摘をしている(『南部絵暦』法政大学出版局)。おそらく田山善八は、身近に飢餓や疫病で苦しむ農民の姿を見て、平和な生活を農民にもたらそうと、適切な農時を絵暦で教えようとしたに違いない。

なお、田山暦は京都の医師・橘南谿《たちばななんけい》の『東遊記』(天明六年＝一七八六年頃刊)で初めて紹介された。橘南谿は天明二年(一七八二)、三十歳のとき京都を出発し、足かけ七年にわたり全国をまわり、その際に天明三年の田山暦に出会っている。盛岡から仙台に旅を続けた折に見聞したもので、この本に図示された田山暦が現存する最古の田山暦である。

天明三年の田山暦は秋田県の版画家が所有していた物を遺族が岩手県に寄贈し

岩手県立博物館で所蔵していたが、二〇〇四年に岩手県の文化財に指定されている。現存品はきわめて少なく、江戸時代の文化を伝える貴重な資料である。

橘南谿の『東遊記』には、「南部の辺鄙《へんぴ》には、いろはをだにしらずして、盲暦というものありとぞ」と書かれている。

ひどい田舎であるためにめくら暦が存在したといっているのだが、文盲が多いのは別に南部地方に限ったことではない。飢饉が起こったのも南部地方に限らない。それにもかかわらず、このような絵暦は他の地方には存在しない。

橘南谿は田山暦とともに般若心経を絵にした「盲心経《めくらしんきょう》」も見出し、やはり著書で紹介している。

それ以前には菅江真澄《すがえますみ》が実際に田山を訪れ、記録に次のように書き留めている

(「けふのせば布」)。

やをら田山といふ里に出たり。このあたりの村にては、ものかく人まれに、めくら暦とて、春より冬まで一とせの月日の数を形にかいて、田植え、耕の時をしれり、世にことなれるためしなりけり。吉沢たれといふがやにとまる。

この文章は、田山暦の本質を的確に表現している。東北から蝦夷地《えぞち》へとまわり、当時の庶民生活を記録した菅江真澄ならではである。

盛岡暦

一方、盛岡暦は田山暦の後の文化年間頃から、盛岡で発行された。『東遊記』で紹介されたこともあり、田山暦が盛岡暦の発行に刺激を与えたことは確かである。

だが、相違点もある。田山暦は伊勢暦をまねて横長型の折り暦であるが、盛岡暦は縦長な点である。当時各地の暦屋が刊行していたのも一枚綴りの略暦様式で、それを参考にしたと思われる。

盛岡暦は盛岡藩御用の印章彫刻師である舞田《まいた》屋が主に発行したものである。舞田屋は出版事業に従事していた。田山暦は農民教化の目的により配られたのに対し、盛岡暦は販売を目的に発行された。

盛岡暦は文化七年（一八一〇）に発行されたことが書物で伝えられている（『史料通信叢誌』＝明治二十六年十月刊）が、現物は発見されていない。

二〇〇四年、天明三年田山暦とともに天保十三年盛岡暦が岩手県文化財に指定された。盛岡市内の個人蔵で、岩手県立博物館が所蔵している。

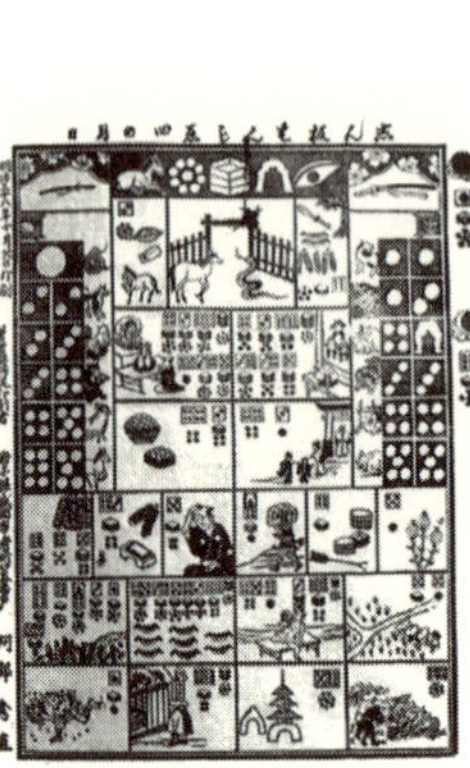

盛岡暦
〔『盛岡の文化財』（盛岡市教育委員会）より〕

南部の私大

暦に関しては、「南部の私大《わたくしだい》」という特有の風習が存在した。江戸時代、盛岡藩の領内では十二月が二十九日までの小の月の場合、それを三十日までの大の月に変え、本来の元日を大みそかとする。そして翌正月二日を元日とし、後に正月中の一日を省略して本来の暦日に戻したという。武家では十九日を省略して十八日の次を二十日にし、一般の人は十日を省略して九日の次は十一日にした(工藤紘一『田山暦・盛岡暦を読む』熊谷印刷出版部)。

『南部史要』によれば、南部家の初代光行は建久二年(一一九一)十月、鎌倉幕府により新しい領地として給された陸奥国糠部《ぬかのぶ》に赴こうとして、家臣を引き連れて由比浜から海路出発、十二月二十八日に八戸港に着いた。ところが、その年は小の月で二十九日までであり、年賀の準備などが間に合わない。それで、十二月を大の月に変えたのが恒例になったとある。

武士と一般の農民や商人とは一時的にせよ、日付が違うわけである。江戸時代には、貞享改暦(一六八四)の結果、幕府天文方が国内の編暦と頒暦を制御するようになると、天文方の作成する見本と一字でも違っていたら処罰の対象になった。だが、勝手に新年を移動させていた盛岡藩には何のお咎《とが》めもなかった。盛岡藩の珍奇な風習は広く知れ渡っており、幕府は処罰する機を逸したのかもしれない。

なお、「私大」は支藩の八戸藩でも江戸時代を通して行われた。津軽藩や松前地方でも行われた形跡がある。

凶作や飢饉が頻発

農民は年貢米の完納を義務付けられたほか、その生活には厳しい統制が加えられた。

領内が寒冷である盛岡藩の農民の生活は、とりわけ厳しかったといえる。

南部領内の農民は、度重なる飢饉で苦しい生活を強いられた。元々寒冷の地であり、水稲栽培には適さない。やませの影響で冷害に苦しみ、凶作や飢饉は日常茶飯事だった。

特に、元禄（一六九五〜）、宝暦（一七五五〜）、天明（一七八三〜）、天保（一八三二〜）の飢饉は悲惨を極め、盛岡藩の四大飢饉と呼ばれている。

江戸時代を通じ、約八〇回凶作の年があったといわれており、実に三年に一度の割合で、江戸時代後期ほどその頻度が大きかった。

そうした飢饉の際には、永祥院、円光寺、東顕寺、報恩寺などの寺院に御救小屋が建てられ、救済に当たった。

餓死者供養塔（天明三年十一月二十日から翌四年三月八日まで東顕寺で行った粥《かゆ》の炊き出しに集まった領民の内から出た四九〇人の餓死者の霊を弔っている）
〔『盛岡の文化財』（盛岡市教育委員会）より〕

藩でも穀蔵を築造し、飢饉時にはその蔵から米を供出したが、自然の猛威にはなすすべもなく、無力に等しかった。

餓死者を供養

飢饉時には大勢の餓死者が出たが、それを供養した名残が現在でも数多く残されている。

たとえば、滝沢村には「餓死者供養塔」「飢餓供養塔」と刻まれた高さ一メートル数十センチの古碑が今も残り、往時の悲惨を伝えている。東顕寺をはじめとする盛岡の寺院には多くの供養塔が残されている。

また、盛岡市茶畑《ちゃばたけ》にある「らかん公園」には、高さ一・二六メートルを超える石像が二一体並んでいる。一六体の羅漢《らかん》像と五体の五智如来《ごちにょらい》である。かつてこの地には宗竜寺があったが、その天然和尚と長松寺の泰恩和尚が飢饉の犠牲者を供養するため、十三年の歳月をかけて完成させたものである。石像を建立するために、城下の豪商である鍵屋茂兵衛《かぎやもへえ》、糸屋治郎兵衛《いとやじろべえ》、徳田屋治助《とくだややすけ》のほか、五万八〇五三人が寄進したという。

らかん公園にある石造十六羅漢
〔『盛岡の文化財』（盛岡市教育委員会）より〕

踊りと信仰

農民は、豊作を願い、踊ることで気を紛らわした。現在でも残る田植え踊りは、重労働である田植えからしばし、その辛さを忘れるための踊りであった。田植え踊りは盛岡藩祖である信直《のぶなお》が盛岡の民俗行事として根づかせたといわれている。

領内の農民は飢餓に苦しんだが、馬産地は比較的生活が豊かであった。盛岡藩が馬産を奨励し、馬を飼う農家に対しては優遇処置を講じたからである。

その象徴といえるのが南部曲がり屋である。南部領に独特な建築様式で、L字形に北側を背にして、南向きに建てられた。家族は母屋に住んだ。曲がり角には土間と台所があり、馬が住むのは曲がった部分であった。

現在の滝沢村や遠野市周辺で多く建てられた。人と馬が共存し、厳しい環境条件の下で馬を世話しやすいように工夫が凝らされている。

なお、南部曲がり屋が建てられたのは、肝煎など村役人をしている比較的裕福な農家であった。

藩では財政が窮乏した結果、民家の窓にまで税が掛けられるようになった。そのために、領内の家には窓がなく、うす暗い家が多くなった。家作も制限され、たとえば、畳みを敷くことは許されなかった。門や玄関をつくったりすると、た

佐々木家住宅（南部曲がり屋、岩泉町にあったが現在、岩手県立博物館に移築されている）

〔『北の馬文化』（岩手県立博物館）より〕

ちまち処罰の対象になった。

滝沢村に今に続く行事がチャグチャグ馬コである。この周辺は馬産地であり、日常生活が馬とともにあった。

チャグチャグ馬コは、毎年六月の第二土曜日、滝沢村の駒形《こまがた》神社から着飾った馬が盛岡の八幡宮までの一五キロを行進する行事である。

元々、近郷一〇カ村の農民が旧暦の五月五日、滝沢村の蒼前《そうぜん》様に参拝した愛馬精神の発露であった。馬の安全を祈願したのである。

藩政時代、その日は乗馬が得意な農家の若者が思い切り馬を飛ばして、下ノ橋の番所に橋銭を投げ込んだという。ふつうでは、下ノ橋は藩の重臣でも下馬しなくてはいけなかったが、その日は許されたのだという。

現在のようなパレードになったのは、大正時代からである。夏の風物詩として、多くの観光客を集めている。

チャグチャグ馬コ
〔『盛岡の文化財』（盛岡市教育委員会）より〕

これも盛岡

盛岡名物を味わう

南部せんべい

小麦粉をこね、ゴマをまぶして型に入れ、硬く焼きあげた南部せんべいは盛岡・三戸《さんのへ》・八戸《はちのへ》を中心にして作られてきた。江戸時代には冷害などにより領内では凶作になることが多く、命をつなぐ救荒食としてもてはやされた。当時はヒエ・アワ・ソバをひいた粉を用いて作られたのである。

明治時代になると、小麦が潤沢になり、小麦粉が主原料となった。元々、家で作られていたが、大正時代から商品として販売されるようになった。その頃は「ごませんべい」「むぎせんべい」などといわれていたが、第二次世界大戦後に盛岡の商人が「南部せんべい」として売り出し、郷土を代表する名菓として親しまれるようになった。淡白な中に独特なゴマと塩の風味が利いていて、かめばかむほど素朴な味が出てくる。どこか懐かしい味わいがする。

よせ豆腐

総務庁の『家計調査年報』(平成十五年)によると、盛岡市が県庁所在地の中で一世帯当りの豆腐購入数量日本一だという。一世帯当たり年間一〇一・三六丁の豆腐が購入されている。盛岡にやって来た転勤族の妻がスーパーでの豆腐の売り場面積の広さに驚くという。かつては一五〇軒ほどあった街の豆腐屋は一〇軒程度に減ったものの、盛岡では今も手作りの豆腐の味が楽しめる。

なかでもお薦めはよせ豆腐。藩政時代から伝わる名物で、にがりを加えた後に、水を捨てずにそのまま固めて作る。口に含むと、大豆特有の甘さとなめらかさが味わえる。ねぎやしょうがなどの薬味に合わせ、醤油をかけて食べると絶品。なお、盛岡市内のホテルでは毎月十二日を「豆腐の日」と定めて、豆腐料理を提供している。豆腐消費量日本一にちなんだ企画である。

カタクリ

今は、和菓子の原料としてわずかに使用されているのみのカタクリだが、江戸時代には盛岡藩の名産品だった。花巻周辺が産地で、カタクリを原料とした片栗粉「南部カタクリ」を全国で唯一幕府に献上していたのである。「公儀御献上御用買上品」であった。

花巻には専従するカタクリ師がいて、幕府との折衝に当たった。元文元年(一七三六)四月、製法に関する問い合わせが幕府御役医丹羽正伯からなされたという記録も残っている。

元々、片栗粉はカタクリの根が原料だったが、明治時代以降安価なジャガイモでんぷんにとって替わられた。

その南部カタクリを復活させようという動きが「カタクリの里」として知られる西和賀町で始まっている。中心となっているのは、ナチュラリストとして有名な写真家の瀬川強さんだ。二〇〇五年十二月、牧野組合の牧草地を栽培地として借りる契約を完了。今後は農協と栽培方法を、観光協会とは商品化について話し合いを重ね、実現を目指す。盛岡藩の製法を参考にした本物の片栗粉が名物として復活する日は近いかもしれない。

わんこそば

かつて盛岡藩領には、宴席に集まったお客にそばを振る舞う「そば振る舞い」という風習があった。「わんこ」とは地元のことばで、「お椀」をいう。その起源は、盛岡と花巻がそれぞれ発祥の地を自任している。

原敬《はらたかし》が盛岡に帰省した折に、「そばは椀コに限る」といったのが起源だとする盛岡起源説。一方の花巻起源説は、二代藩主南部利直が江戸に上る途中、花巻に宿泊した際に食べたそばの風味をたいそう気にいって何度もお代わりをした。そのとき、そばを盛ったのがお椀だったというもの。

現在のわんこそばは、お椀一〇〜一五杯でかけそば約一杯分。「お代わりはいかがですか」という若い女性の声に釣られて、つい食べ過ぎになることもあるのでご用心。

年に一度、盛岡では全日本わんこそば選手権を開催しており、胃袋自慢が集う。胃袋に自信のある人は、挑戦してみるのもよいかもしれない。

盛岡冷麺

元々ルーツが朝鮮半島の平壌にある冷麺が盛岡に登場したのは、一九五四年(昭和二十九)のこと。盛岡に定住した人々が故郷の味を懐かしみ、盛岡市内に店を出したのが始まりとされている。本場の冷麺はそば粉を使用するが、盛岡冷麺は片栗粉と小麦粉でつくるという違いがある。シコシコとしたこしの強い麺が特徴。コクのある冷たいスープにキムチで辛味をつける。一度食べると癖になる味で、全国的に有名になった。

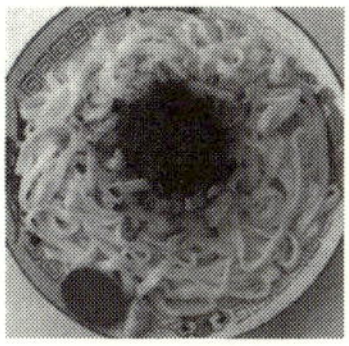

じゃじゃ麺

こちらも盛岡冷麺に負けないくらい有名。平打ちうどんにきゅうりと香ばしい肉いため味噌をのせ、お好みにより酢、ラー油、ニンニクで味付けをする。うどんを平らげたら、卵を割って入れ、味噌と麺のゆで汁を入れてもらう「ちーたんたん」にして食べることができるので、食後の満足感は最高。

南部はっと鍋

「はっと」とは、県北地方の方言で麺を意味する。地元で収穫した小麦を含んだコシの強いうどんに、三陸直送の新鮮な海の幸と山の幸をふんだんに盛り込んでいる。特産の南部鉄器でぐつぐつ煮えたところを食べるので、まさに南部の特産を丸ごと味わえた気分になれる。

地酒

地酒南部杜氏は日本三大杜氏に数えられており、そのふるさとには味わい深い地酒がそろっている。水がきれいで酒造りに適した旧盛岡藩領内には「あさ開」「菊の司」「南部美人」「月の輪」「鷲の尾」「浜千鳥」「桜顔」「七福神」などの酒造がある。

なお、南部杜氏の歴史を知りたければ、花巻市にある南部杜氏伝承館(電話 〇一九八―四五―六八八〇)を訪ねるとよい。地酒をじっくり味わいながら、南部杜氏の歴史を知ることができる。

これも盛岡

お国自慢

ここにもいた盛岡人③

近世・近代日本を彩る盛岡出身者たち

アイヌ語研究の第一人者
金田《きんだ》一京助《いちきょうすけ》（一八八二～一九七一）

盛岡生まれ。盛岡中学校では及川古志郎《こしろう》、野村胡堂、郷古《ごうこ》潔《きよし》、田子一民らとともに学んだ。旧制二高を経て東京帝国大学に進み、方言研究を開始。一九〇六年（明治三十九）に北海道を旅してアイヌ叙事詩「ユーカラ」を知り、東大卒業後も伯父で実業家の勝定の援助でユーカラの研究を続けた。在学中は、極貧に近い生活にもかかわらず、盛岡中学校の後輩・石川啄木への経済的援助を惜しまなかった。一九三一年（昭和六）、「アイヌ叙事詩・ユーカラの研究」が完成し、学士院恩賜賞を受賞。一九四一年、東大教授に就任。戦後は国語教科書や辞書類の執筆・監修に当たり、一九五四年には文化勲章に輝いた。一九七一年十一月十四日、八十九歳で死去。長男の春彦《はるひこ》も言語学者として活躍した。

民衆詩派の詩人
富田《とみた》砕花《さいか》（一八九〇～一九八四）

盛岡生まれ。本名戒治郎《かいじろう》。上京し、十八歳で与謝野鉄幹・晶子夫妻が主宰する新詩社に参加。砕花のペンネームで『明星』に短歌を発表し、認められる。民衆詩派の詩人と目され、堪能な英語力を生かし、カーペンター、ホイットマンらを精力的に翻訳した。大正時代初期に病気療養のため兵庫県芦屋に移転、多くの校歌や市町歌を作詞し、「兵庫県文化の父」と呼ばれた。

シンガーソングライターの草分け
鳥取《とっとり》春陽《しゅんよう》（一九〇〇～一九三二）

新里村（現宮古市）生まれ。本名貫一。十六歳で故郷を後にし、仕事を転々。やがて街頭演歌師の仲間に入る。大正八年「さすらひの唄」を作詞作曲し、バイオリンを弾きながら自分で歌った。日本で最初のシンガーソングライターである。「ピエロの唄」「鈴蘭」「馬賊の唄」などを次々に発表し、二十二歳の頃発表した「籠《かご》の鳥」が爆発的なヒット。大正演歌を代表する名曲となった。

民間伝承の採集者
佐々木《ささき》喜善《きぜん》（一八八六～一九三三）

遠野生まれ。岩手医学校、哲学館（現東洋大学）、早稲田大学に入学するが、いずれも中退。若い頃は文学への志向が強く、水野《みずの》葉《よう》舟《しゅう》、秋田《あきた》雨雀《うじゃく》、柳田国男らと親交を結ぶ。柳田は喜善から聞いた話を基に、『遠野物語』を出版したが、この本が日本の民俗学の先駆けとなった。喜善は柳田の勧めで、エスペラントの学習も始めている。金田一京助は喜善を「日本のグリム」と呼んだ。

童謡「たきび」の作詞者・児童文学者
巽《たつみ》聖歌《せいか》（一九〇五～一九七三）

紫波町に生まれる。本名は野村《のむら》七蔵《しちぞう》。海軍工廠を経て、一九二四年（大正十三）時事新報社に入社。『少年』『少女』の編集に携わる。十四年、『赤い鳥』に巽聖歌のペンネームで童謡を発表し、北原白秋に絶賛される。「垣根の垣根のまがりかど」で始まる童謡「たきび」を発表し名声を得たが、児童文学作家・新《にい》美南吉《みなんきち》を世に送り出した功績も大きい。

第六章 藩政の揺らぎと改革

財政の逼迫や飢饉の頻発が藩政改革を必要とした。

1

財政の逼迫

財政基盤となっていた金や銅が枯渇し、新たな収入源として海産物が脚光を浴びた。利敬が藩主の時代に幕府から蝦夷地警固が命じられ、同時に石高が十万石から二十万石に加増された。そのことで藩の貧困は加速され、飢饉の発生による百姓一揆の頻発が藩の威信を失墜させた。

長崎俵物

元々、盛岡藩は金山により潤った利益をもとに盛岡城を築き、城下町を次第に発展させてきた。

ところが、江戸時代も半ばを過ぎると、財政が逼迫してきた。その一つの原因は金山の枯渇である。豊富な金資源は元禄期には底をついた。戦争がない時代である。抱える家臣は増大する。その反面、稲作には適さない地域なため、冷害に遭うことがしばしばで、農村では飢饉が頻発した。藩主でいえば、信直《のぶなお》から始まり、利直《としなお》、重直《しげなお》、重信《しげのぶ》までは財政の基盤が安定していた。この時代までが安定期である。

行信《ゆきのぶ》の時代、元禄年間（一六八八〜一七〇四）には財政の基盤となっていた金や銅がすっかり枯渇してしまった。

それらに代わり新たな収入源となったのが、海産物である。

慶長八年(一六〇三)の江戸開府は、三陸の漁村に大きな恵みを与えた。大きな市場をもつ港湾都市江戸の誕生により、漁業や海上交通がめざましい発展を遂げるのである。

最初に動いたのが大槌の大槌孫八郎《おおづちまごはちろう》であった。孫八郎は三陸名産の鮭を商船に積み、江戸に送って大きな利益を得た。江戸には町人のほか、参勤交代で全国から多くの武士が集まってきていた。

いきおい、食料としての海産物の需要が増大する。農業技術が発達したことで稲作用の魚肥、煙草の栽培に有用な魚油の需要も増大した。そのために、漁業と海上交通が同時に発展してきたのである。

三陸の漁業の発展に拍車をかけたのが、長崎貿易である。寛永十二年(一六三五)、キリスト教の伝播を嫌った幕府は、大船の建造を禁止し、外国との貿易を長崎に限り認めるという政策を採った。オランダと中国(清国)以外の通商が禁じられたのである。

その際に、中国向けに輸出されたのが俵詰めの海産物であり、長崎俵物《たわらもの》と呼ばれた。俵物とは海産物全般を指す呼称でもあったが、正確にいえば煎海鼠《いりなまこ》・干《ほし》鮑《あわび》・鱶《ふか》ひれの三品を「俵物」とし、昆布・スルメなどは「諸色《しょしょく》」といって区別した。その産地として一躍脚光を浴びたのが三陸である。

ちなみに、長崎俵物は一番から十番まで番数がつけられ、品質がよいほど番数が増えることになっていた。煎海鼠《いりなまこ》の最上級品である十番は三陸産と松前産につけられることが多かった。干鮑《ほしあわび》では現大船渡市吉浜の物が「キッピンアワビ」として重宝され、中国側から生産増を望む声が出されたという。

前川善兵衛

吉里吉里《きりきり》村（岩手県上閉伊《へい》郡大槌町）の前川善兵衛《まえかわぜんべえ》は、俵物問屋として財を築いた人物であった。盛岡藩最大の企業家としてその名を知られ、名声は江戸・大坂・京都に聞こえていたという。

その初代は相模国から移り住んだ甚右衛門富久《じんうえもんとみひさ》で、晩年の頃から商業を始めている。二代目善兵衛富永《とみなが》の代に回船問屋となり、三陸閉伊地方の海産物などを藩外に移出して商人としての地歩を固めていった。

三代目善兵衛助友の代になると、三陸沿岸に広く漁場を持つに至り、大型の船も持つ貿易商として成長を遂げている。藩に御用金五百両を上納したり、優秀な船大工を抱えていたため、藩命で船も造っている。盛岡藩にとってなくてはならない御用商人としての地位を占めるようになってきたのである。

その頃には水産業や海産物製造業などの発展に伴い、三陸沿岸の人口が増大した。沿岸部では米穀があまり穫れないため、内陸部の米穀と海産物を交換する需要が出てきた。海産物は五十集物《いさばもの》と呼ばれ、珍重された。遠野では市が盛んに開かれるなど、米穀と海産物の交易で栄えた。

利雄と御用金政策

藩主は行信の後、信恩《のぶおき》、利幹《としもと》、利視《としみ》、利雄《としかつ》と続くが、利雄の時代には財政の破綻は決定的となっていた。

利雄は、宝暦年間(一七五一〜一七六四)の飢饉時の藩主である。元禄期の飢饉は蓄えで何とかしのぐことができたが、宝暦期にはもはやその余裕がなかった。

利雄に関しては、『南部史要』に、家臣のいうままに、何でもそうしろ、そうしろというので、「惣四郎君《そうしろうきみ》」と呼ばれたと記されている。

宝暦二年(一七五二)、利雄は盛岡藩主となった。翌年、幕府から日光廟《にっこうびょう》修復を命じられた。費用は七万両もかかる。

その費用の一部、七千両を利雄は、前川善兵衛に負担させた。藩内の豪商のうちで最高額である。

前川善兵衛は三陸を根拠地とする豪商であった。海産物を商い、海の豪商として財をなした。回船業を始めたのは、常陸《ひたち》・那珂湊《なかみなと》の豪商である白土次郎左衛《しらとじろうざえ》

南部利雄肖像
〔『南部家の名宝』(盛岡市中央公民館)より〕

門《もん》の援助があったからといわれている。

二代目になると、盛岡藩に九百三十両の金を貸すまでになり、船役金（移出税）を免じられるなどの権利を得ることで、次第に豪商としての地位を確立していく。正式に名字帯刀も許される。

利雄が金の工面を依頼したのは、四代前川善兵衛であった。息子である五代が金の工面に奔走し、何とか上納を果たしたものの、江戸の商人に多額の借金が残った。それが元で、前川善兵衛の没落が始まるのである。財政が逼迫した藩の御用金政策の被害者といってよいだろう。

前川善兵衛と伊能忠敬

その前川善兵衛であるが、日本最初の実測地図を作成した伊能忠敬《いのうただたか》（一七四五〜一八一八）が測量の途中、前川家に立ち寄っていたことがわかっている（二〇〇四年十一月二十日付『岩手日報』）。

新聞記事によると、三陸沿岸を北上しながら測量を続けてきた忠敬は享和元年（一八〇一）九月二十五日に釜石に到着。大槌で二十六日から後藤茂伝治《ごとうもでんじ》方に二泊し、二十八日に吉里吉里の第六代善兵衛富長を訪れたという。

忠敬に関する記述が見つかった前川家文書「不時臨時公私所用留」には、「伊能氏は勘解由《かげゆ》を名乗り、一人の家来を連れ山駕籠《かご》で訪れた」と記されている。前川家では茶や餅菓子でもてなし、吸い物や肴《さかな》二、三種を食べさせたという。忠敬は初めての訪問先ではたしなまない酒を飲んだというから、ふたりは気持ちのよい時間を過ごしたに違いない。忠敬は「住まいは深川八幡近くなので、江戸に上られた折に是非訪問してほしい」と語り、前川家を辞去している。

すでに、前川善兵衛の家はかつての栄華を過ぎ、衰退に向かっていたが、この頃までは少なくとも客人をていねいにもてなす余裕があったことがわかる。もちろん、忠敬は名を馳せたことのある前川善兵衛を一目見ようと、持ち前の好奇心で時間をつくり、わざわざ出かけていったはずである。

利雄のうっくつ

一方、前川善兵衛など豪商への無理強いのおかげで、利雄は何とか大役を果たした。日光廟の修復は滞りなく終えたのである。

とはいえ、思わぬ失敗もしでかしている。名刀・平行安を買い求め、時の閣老・堀田相模守《ほったさがみのかみ》に献じたが、それはかつて将軍吉宗がさる旗本に下賜《かし》した名刀であった。旗本は売ったことがわかれば切腹ものなので、「盗まれた」と主張する。

利雄の弁解は一切聞かれず、「この不届き者」と堀田相模守の屋敷に呼び付けられ、どなられる始末であった。

それがあだとなったのかもしれない。

後に、藩の献上品を堀田相模守に届けた際、本来は相模守自身が受け取るのが筋なのに、格下の奏者番《そうしゃばん》が受け取るという意地悪を受けている。

宝暦五年(一七五五)には大飢饉が起こり、藩の財政はいよいよ底をつく。本来、藩主になったときは、閣老らを招待してお披露目するのが習わしだったが、財政難のため、それができない。

やむを得ず、「祝儀の延期願」を提出し、実際にお披露目が開かれたのは、宝暦十年秋のこと。藩主になって、八年後だった。そのため、世間から「南部の後《あと》振舞《ぶるまい》」と揶揄《やゆ》される始末だった。

また、後年には長子を廃嫡《はいちゃく》しなければならなかった。

そのために、利雄はうつうつとして楽しめない生涯を送ったという。財政基盤の弱体化は藩主の生活にまで影を落としたのである。

石高が二十万石に

文化五年(一八〇八)十二月、時の十一代藩主・利敬《としたか》は津軽藩主・津軽寧親《やすちか》とともに蝦夷《えぞ》地警固を命じられた。十二月十八日、江戸城に登城した利敬に対し、次の上意が伝えられたのである。

東西蝦夷地一円の警固、その方ならびに津軽越中守へ永く仰せ付けられ候。これに依って、領分高二十万石に直し下され、かつまた侍従仰せ付けられ候。いよいよ精を入れ、相励み申すべき旨、仰せいださる。

侍従《じじゅう》に任命されるとともに、石高を十万石から二十万石に倍増させるというのである。ただし、これは実高の増加が伴わず、兵役のみが増大するということで、盛岡藩は津軽藩と一年交替で蝦夷地の警固に当たることが決定された。

このことにより、盛岡藩の貧困は加速された。鉱山は掘り尽くし、財政を稲作に頼らざるをえなくなっていたが、元々稲作の北限地帯にあり、頻繁に凶作に襲われる。そういった状況下で、幕府に対する義務が二倍になったのである。

ロシアによる脅威

幕府がこのような決定を下すのには、次のような背景があった。

寛政四年(一七九二)九月、ロシア使節ラクスマンが漂流民を護送しながら根室に入港し、日本に通商を求めてきたことが発端だった。にわかに北方警備の重要

南部利敬肖像
『南部家の名宝』(盛岡市中央公民館)より

性が指摘されるようになってきたのである。

翌年、幕府は盛岡・津軽の両藩に蝦夷地警備のための出兵を命じた。盛岡藩は三百八十人、津軽藩は二百八十人あまりを派遣した。

寛政九年(一七九七)になると、蝦夷地周辺に多くの外国船が出没するようになった。盛岡・津軽両藩は、幕府が直轄地とした東蝦夷地へ出兵警備を命じられた。

文化元年(一八〇四)になると、幕府はさらに両藩に対し、蝦夷地警備の増強を命じてきた。

文化三年から四年になると、ロシアによる脅威はさらに増した。サハリンを侵害したばかりかエトロフ島まで侵害し、利尻《りしり》島の幕府官船に放火する始末だった。

幕府はいよいよ危機感を覚え、西蝦夷地をも直轄領とした。南部・津軽両藩へ増兵を命じるほか、秋田・庄内の両藩へも援軍を求めた。文化五年一月には、さらに、仙台・会津両藩へも東西蝦夷地の警備を命じた。

盛岡藩の軍役は、従来の二千人から四千人へと倍増した。そのうち、蝦夷地に派遣する人数は最大で千二百人に達した。越年して警備する兵も九百人に及んだ。

さらに、領内の北郡大畑には、二百余人の予備隊が常駐していた。領内沿岸部の田名部、七戸、五戸、野田、宮古、釜石などにも兵が配備され、その総数は五百人にも達したという。

このように、蝦夷地の警備のために多くの兵を配備しなければならなかった盛岡藩は、財政のさらなる悪化に耐えなければならなかった。

そうした情勢下で藩主となった利敬だが、藩内の法律として「文化律《ぶんかりつ》」を制定するなど名君ぶりを示している。

南部藩から盛岡藩へと名称を変更

なお、利敬が藩主の時代の文化十四年(一八一七)五月、従来の藩称「南部藩」から「盛岡藩」へと正式に改めている。

また、七戸《しちのへ》藩が始まったのは、利敬の時代である。利敬は七戸を治めていた南部信鄰《のぶちか》に蔵米六千石を加増した。これにより合計で一万一千石となり、七戸藩が歩みを始めたのである。

とはいえ、七戸藩は代々盛岡藩より蔵米を支給され、実際の領地を持たなかった。七戸に藩の政庁が置かれるのは、明治維新後の一八六九年からである。

四大飢饉

元々盛岡藩の領地は広大だが、そのほとんどが山林原野であり、米作には適さない。それでも、江戸時代は米を中心とした経済であり、稲作を奨励せざるをえなかった。

盛岡藩の四代飢饉といわれるが、最初の飢饉は元禄年間に起こった。元禄八年(一六九五)には、前年まであった年貢収納がなくなり、その年の十一月、藩は幕府に対し、「領内不作の儀」について報告している。

その結果、翌春の参勤が免除された。

藩では、その費用で飢饉対策を講じた。まず、米穀雑穀類の他領への移出を禁止した。貯穀が奨励され、酒造が禁止された。

その一方で、紺屋町・寺町では御蔵米を小売りさせた。また、城下の寺院や富豪の協力を仰いで、御救《おすくい》小屋を東顕寺門前などに設け、飢えた人々の救済に尽力した。その処置により、三万四千人余りが救われたという。元禄年間ではまだ、藩が誠意ある態度で飢饉対策に当たっていた。

ところが、次第にその余裕がなくなっていく。

宝暦五年(一七五五)は、気候不順が続き、連日の降雨のあげく冷害が発生した。前年が大豊作で、十万石の江戸への廻米が行われており、藩内の米が底をつき、飢饉にまで至ったのである。

翌年正月、富豪からの御用金を頼りにして、永祥院《えいしょういん》と円光寺《えんこうじ》に御救小屋が建てられた。飢えた人々の救済に乗り出し、永祥院で一一七〇人、円光寺で一三五〇人が救われたと伝えられている。

とはいえ、その中身はといえば、施された粥《かゆ》が一升の水に対し、米八勺（約一四四グラム）というありさまであった。

飢えをしのぐには足りず、御救小屋でさえ毎日餓死したり、凍死したりする人々が続出した。五戸《ごのへ》通、雫石《しずくいし》通、沼宮内《ぬまくない》通などでの被害がひどく、この飢饉による餓死者は五万人に迫る勢いだった。

天明三年（一七八三）から七年にかけては、全国的な規模で飢饉が発生した。盛岡藩もその例外ではなかった。

この頃は毎年のように冷害が続き、夏の土用《どよう》という最も暑いはずの時季にも、綿入れを着用していたといわれている。藩では東顕寺と報恩寺に御救小屋を建てたが、もはや無力に近かった。天明の飢饉のときも領内で四万人以上の人々が飢饉により死亡している。

天明の飢饉の際の藩主は、十代利正《としまさ》である。利正は十一代利敬の父であるが、治世はわずか五年間にすぎなかった。生来病気がちであったが、飢餓対策にも心を悩ました。天明四年三月、江戸への参勤のため盛岡を出発したが、四月江戸へ到着してすぐに重態になり、五月五日三十三歳で亡くなった。天明の飢饉が命を縮めたといえなくもない。わずか三歳の利敬が家督を継ぐことになり、当初は家老の八戸《はちのへ》弥六郎《やろくろう》、桜庭《さくらば》肥後《ひご》、毛馬内三座衛門《けまないさんざえもん》らが合議のうえ藩政を司った。

明治橋際の御蔵―飢饉の名残りを伝える

明治橋の際には、今も鮮やかな白壁の土蔵が残っている。「明治橋際の御蔵」といわれ、盛岡市保存建築物である。有形文化財にも指定されており、下町資料館として公開されている（電話〇一九―六二三―九五六五、小原館長宅）。

この辺りは、新山河岸といわれていた。かつては近くに新山舟橋があり、御番所、船宿、御蔵などが建ち並び、舟運の要衝として栄えた。

解体計画もあったが、一九八三年に盛岡市の所有になり、飢饉の歴史を伝える建造物として生き長らえている。

土蔵造りで、建物の長さは約三〇メートルある。盛岡藩は天明三年（一七八三）に発生した大飢饉を踏まえ、城下に備穀のお触れを出した。何カ所か備蓄庫がつくられたが、安政三年（一八五六）にこの御蔵に集約されたといわれている。

二人の藩主(第十二代利用)

第十一代藩主・利敬《としたか》の跡を継いだのは、利用《としもち》だったが、実は利用は二人いた。文政三年(一八二〇)九月二十四日、第十二代藩主となった利用は将軍から本領安堵《ほんりょうあんど》の証書を賜ったものの、まだ十五歳になっていなかったため、江戸城での将軍に対する謁見《えっけん》の儀《ぎ》をすませていなかった。そうこうするうちに、翌年五月、利用は江戸藩邸内の樹木にのぼって遊んでいるうちに転落、そのときの怪我が原因で亡くなってしまった。

利用は若年で、もちろん世子はない。将軍への謁見をすませていないのに亡くなったとあっては、下手をすると盛岡藩のお取り潰しにもなりかねない。江戸藩邸の役人は協議の上、遺骸を国元の盛岡へ送るとともに、盛岡から身代わりの利用を起用することにした。

新しい利用は江戸についてまもなく江戸城にのぼり、十一代将軍家斉《いえなり》に謁見の儀をすませた。無事に「従四位下《じゅしいのげ》」に叙せられ、大膳大夫に任ぜられたのである。

三閉伊一揆

天保三年（一八三二）から九年にかけても、飢饉が発生した。天保の飢饉である。このときも被害がひどく、農民の中には隣国の伊達藩に逃散《ちょうさん》する者もいた。伊達藩でも飢饉が発生していたが、年貢の免除という措置を講じていた。盛岡藩ではそういった措置を講じるのでもなく、無策に等しかった。そういった積み重ねが後の三閉伊一揆に発展していくのである。

当初は飢饉があれば藩の蔵米により、住民を救おうという意思もあったが、やがて蔵米が底をつき、そういった余裕も失われていった。石高が二十万石となり、軍役が増大すると、増税により活路を見出すしかなくなり、領内の農民はいよいよ生活が苦しくなっていくのである。

農民は大凶作と増税で大いに苦しんだ。食べるものがなくなり、山野に入り、蕨や葛など食べられるものは根まで食べた。それでも食べるものに事欠き、餓死者が増大し、一揆が頻発するようになった。

その中でも、最も大規模な百姓一揆は弘化四年（一八四七）、野田通から起こった百姓一揆である。三閉伊一揆の勃発である。

この集団は、藩をもはや信用していなかった。遠野に出て、重税御用金の免除を訴え出た。

元々、閉伊《へい》・九戸・三戸といった沿岸部はやませと呼ばれる冷風による被害が甚大なところである。十分な稲作はできない。そういった地域に水稲の基準で重課税したり、主な産業である海産物・材木・製鉄に御用金制度を用いて、無理な課税を行ったことが農民の反発を招いたのである。

嘉永六年（一八五三）には再び野田通から百姓一揆が起こり、伊達藩へ出て、藩主の交替と伊達藩への編入を要求するという前代未聞の事態となった。盛岡藩の威信は地に落ちてしまっていたのである。

② 藩政の改革と藩学の振興

利済が藩主の時代、悪政が行われたが、幕府の知るところとなり、政治からの離脱を余儀なくされた。新しく藩主となった利剛の下で藩政改革が行われ、藩学の振興が図られた。江帾梧楼や大島高任の登場により、学問興隆の波が押し寄せた。

利済の悪政

弘化に始まった三閉伊一揆は弱体化していた藩政の基盤をさらに弱体化させた。三浦命助《みうらめいすけ》の指導の下、一万六千人が仙台藩領に逃散《ちょうさん》を図ったのである。一揆には時の藩主利済《としただ》の悪政に対する批判が含まれていた。

利済は財政が逼迫しているにもかかわらず、奢侈《しゃし》を重ねていた。一揆は利済の長子・利義《としとも》の擁立を要求していた。利義は嘉永元年（一八四八）に藩主となったものの、相変わらず実権は利済が握った。

その上、利義は利済と折り合いが悪く、一年あまりで藩主の座を弟の利剛《としひさ》に譲らざるをえなかった。

利義は江戸の盛岡藩上屋敷で生まれ、江戸で育った。英才との評判が高く、水戸の徳川斉昭《なりあき》らは将来を嘱望していた。その人物が一年で藩主の座を追われたの

南部利済肖像
〔『南部家の名宝』（盛岡市中央公民館）より〕

である。こうしたなかで、江帾春庵《えばたしゅんあん》らにより利義をもう一度擁立しようという動きが起こるが、事前に察知され、首謀者は厳罰に処せられた。

利済の悪政は幕府の知るところとなり、ついに利済は政治からの離脱を余儀なくされた。安政二年（一八五五）四月十四日には、利済に死が訪れ、やっと、利剛の下で藩政の改革が行われるのである。

その目玉は、若い人材の登用であった。楢山佐渡《ならやまさど》、東中務《ひがしなかつかさ》次郎が若い家老として手腕を発揮することになるのである。

水戸徳川家との関係が緊密に

この頃、江戸幕府を揺るがす事件が次々に起こり、盛岡藩も次第にその渦中に飲み込まれるのだが、水戸徳川家との関係がより緊密になったことが微妙に影響していると思われる。

水戸徳川家との関係は、二代藩主・利直《としなお》の頃にさかのぼる。家康《いえやす》から水戸城主・頼房《よりふさ》（家康の十一男）の後見を命じられた利直は江戸から水戸城へよく立ち寄り、安否を尋ねたといわれている。その後も交際は続いていたが、利剛が徳川斉昭《なりあき》の六女松姫を内室に迎えたことで、関係は強固になった。

松姫は別名を明子といい、水戸藩主徳川斉昭の娘で後に第十五代将軍となった

徳川斉昭肖像
〔『南部家の名宝』（盛岡市中央公民館）より〕

慶喜《よしのぶ》の姉である。なお、松姫は当初利剛の兄・利義との間で縁談が進められていたが、利義の隠居によりそれは解消され、新たに利剛との縁組が実現した。

皮肉なことに、利義が結婚した相手は彦根藩主・井伊掃部頭直亮《かもんのかみなおあき》の養女である豊子であり、大老となった直弼《なおすけ》はその弟である。安政の大獄を引き起こした直弼は将軍継嗣《けいし》問題で徳川斉昭と対立し、水戸藩士によって斬られることになる（桜田門外の変）。

幕末の政変の影響を盛岡藩も受けていたのである。

藩学の振興

利剛は藩学の振興にも力を注いだ。慶応元年（一八六五）四月一日、従来の藩校明義堂《めいぎどう》を作人館《さくじんかん》に改称し、新しい学問や武術を奨励し、教育刷新を図った。大島《おおしま》高任《たかとう》や江幡《えばた》梧楼《ごろう》らが抜擢され、学問の興隆が図られた。作人館について触れる前に、盛岡藩における教育事情を、おおまかに紹介する。

江戸時代の初期はまだ武術が重視される時代で、学問はあまり重きを置かれなかった。盛岡藩においても、寛文年間（一六六一～七三）に「御新丸御稽古所」と呼ばれた道場が存在するだけであった。

次第に幕府の体制が安定してくると、学問興隆の波が押し寄せるようになっていく。五代将軍綱吉《つなよし》の元禄年間(一六八八〜一七〇四)、盛岡藩主は四代重信《しげのぶ》、五代行信《ゆきのぶ》の時代であるが、藩主が率先して儒学に傾倒するようになり、やがて藩士の間にも好学の気運が高まっていくのである。

その一方、御新丸《ごしんまる》にあった武芸道場はやがて八幡町へと移転し、明和八年(一七七一)には日影門の外に移転している。

文化二年(一八〇五)、利敬《としたか》が藩主の時代であるが、儒臣が採用され、儒学教育が本格的に始まる。日本近海に異国船が出没しはじめ、盛岡藩が幕府より蝦夷地の防備を命じられてまもない時期のことである。

儒学が浸透するにつれて、藩主のための儒学講釈が行われるようになり、やがて受講者は藩士たちへと広がっていった。

天保九年(一八三八)、城内において時の藩主利済を囲んで、家中一同に対し、儒学講座が中丸で開催されている。その講座は定例行事として開催されるようになり、儒学の振興がいっそう図られていく。

明義堂

天保十一年(一八四〇)、従来からあった御稽古所が「明義堂」と命名された。それまでの武芸中心の講義内容に加え、儒学教育が採り入れられるようになり、次第にそれが重きを増していくようになる。明義堂は当時藩政改革の顧問として盛岡に招聘《しょうへい》されていた京都の医師・新宮涼庭《しんぐうりょうてい》の献策と推察されており、このときから初めて教授・助教・学頭・学生という職制が布かれた。

毎月一と六の日にはそれぞれが輪番で出勤し、経書の素読と講釈が行われるようになった。

弘化元年(一八四四)になると、朱子学を中心とする教育方針が示され、藩医・大島周意《しゅうい》(高任の父)の縁故によりやって来た長州出身の藤井又蔵《ふじいまたぞう》により、明義堂版の経書の刊行が進められた。その結果、『論語』や『書経』などの五経が完成し、経書の入手が容易になったことから、儒学が振興するようになるのである。

安政元年(一八五四)、明義堂に医学教育の場が設けられるようになった。その中心となったのは漢方医たちであったが、翌年に蘭方医である八角高遠《やすみたかとお》が医学助教に任じられると、排斥運動が起こった。高遠は辞職に追い込まれるが、それが後に洋学校である日新堂設立に結びついていく。

医学教育の開始により手狭となった明義堂は、日影門の外から下小路御薬園(現在の盛岡市中央公民館のある場所)に移転した。

江幡梧楼の登場

安政六年(一八五九)六月、新たに江幡梧楼（那珂梧楼《なかごろう》）が藩校教授として招かれた。江幡は元々、江戸で私塾を開いていたが、その名声を聞いた藩主利剛がわざわざ盛岡に招き入れたのであった。

江幡梧楼は文政十年(一八二七)、盛岡藩の奥医師・江幡道俊《どうしゅん》の第二子として盛岡に生まれた。兄は春庵《しゅんあん》である。先祖は常陸国那珂郷《なかごう》の出身で、そのため梧楼は後年那珂を名のっている。領主の佐竹氏は関ヶ原の戦いで徳川側につかなかったため、秋田に転封されたのだが、それに従い先祖は秋田に移った。道俊のときに盛岡に移り、藩主利済に重く用いられた。

だが、道俊は剛直が災いし、突如家禄没収の憂き目にあったあげく、失意のうちに世を去った。その頃近習《きんじゅう》として藩庁にあった梧楼は、閉塞した藩内に留まることができず、弘化二年(一八四五)に脱藩、青雲の志を抱き江戸を目指した。

江戸で梧楼は、当代一流の学者である東条一堂《とうじょういちどう》に出会う。一堂が主宰する瑤《よう》池塾《ちじゅく》では幕末の志士として後に名を揚げた、清河八郎《きよかわはちろう》、頼三樹三郎《らいみきさぶろう》、鳥山新三《とりやましんざぶ》郎《ろう》らとの出会いがあった。瑤池塾の隣には千葉周作《ちばしゅうさく》の道場・玄武館《げんぶかん》があり、文武の交流が行われていた。梧楼は時代の気分を存分に味わったに違いない。

江幡梧楼

学問に優れた梧楼は瑶池塾に留まることなく、大和の森田節斎《もりたせっさい》、安芸《あき》の坂井虎山《さかいこざん》と学問修行を続けた。その過程で出会ったのが、長州藩士・吉田松陰《よしだしょういん》である。その出会いの後、梧楼にとってショックな出来事が起こった。兄・春庵が毒を仰いで死んだというのだ。まだ、三十三歳の若さだった。

春庵は仲間とともに、一年で隠居に追いやられた利義を再び藩主に戻そうと幕府に画策していたのだが、その計画が漏れ、利済の下で権力を握っていた田鎖左膳《たくさりさぜん》の過酷な取り調べを受けた末に死に追い込まれたのだ。

それを知った梧楼は、兄の敵である田鎖左膳を討つ決意をする。友人にも打ち明けたが、吉田松陰は助勢を買って出る。それをきっかけとして松陰は東北への旅を始めるのだ。

吉田松陰の来訪

嘉永五年(一八五二)三月、吉田松陰が熊本藩士・宮部鼎蔵《みやべていぞう》と連れだって盛岡に立ち寄っている。吉田松陰と宮部鼎蔵がなぜ盛岡に立ち寄ったのかといえば、梧楼の兄春庵の遺族を訪ねるためである。

藩主となった利義がわずか一年でその座を追われ、弟の利剛に藩主を譲らざるをえなかった。当時は利済の悪政が行われており、それに反対する人々はもう一度利義の擁立を画策したのである。

ところが、その動きは事前に漏れ、その動きに同調した人々は処罰された。江幡春庵はそのひとりだった。梧楼はそのことを友人である松陰や鼎蔵に話しており、利済の側近である田鎖左膳を殺害する計画さえ打ち明けていたのである。

ふたりはその後梧楼がどうなったのか心配で盛岡を訪れたのだが、本人には会えず、春庵を弔って盛岡を後にした。

当の梧楼はといえば、なかなかあだ討ちに踏み切ることができず、時間ばかりが過ぎていく。実行が伴わないことが友人たちに知れるや、梧楼の評判は落ちていった。

やがて、田鎖左膳は失脚し、藩政を牛耳っていた利済は隠居を余儀なくされた。梧楼は実権を握った利剛から、学識を頼られ、藩に復帰するのである。長い浪人生活の終了だった。梧楼は利剛の庇護の下、明義堂の運営に没頭することになる。

明義堂から作人館へ

慶応元年（一八六五）になると、校名を作人館と変更し、江幡梧楼を中心として学制改革が推進されていく。文徳を修める場を「修文所」、武徳を明らかにする場を「昭武所」と定め、作人館は文武一致を学ぶ場所として位置づけられるようになる。
江帾梧楼が理想としたのは、後期水戸学であった。藤田東湖《ふじたとうこ》らの教えである。その教えである和漢一致を実現してゆくために、江帾梧楼は著作に専念した。こうして生まれたのが『学軌《がくき》』であり、慶応三年(一八六七)に刊行された。その内容を基本として、作人館が運営されていくのである。

明義堂の時代は藩校への就学は各自の希望であったが、作人館の時代になると、藩士子弟の就学は義務化され、文武教育が徹底された。入校は文教が八・九歳、武芸が十・十一歳で、二十歳頃には四書の大義に通じることが求められるようになった。授業は日課が定められ、春と秋には試験が課せられた。

生徒概数は七百人程度で、そのうち寄宿生が約二百人であった。寄宿生のうち約半数が藩費生徒で、入寮費用の補助を受けていたとされる。地方の郷校を出て、作人館に学ぶ者も結構いた。

作人館の教育内容は次第に充実し、学制が整えられていくのであるが、その矢先盛岡藩は窮地に追い込まれていく。徳川幕府は崩壊し、全国を二分して戦われた慶応四年(明治元年＝一八六八)に起こった戊辰《ぼしん》戦争で盛岡藩は敗北。賊軍として白石への転封という大きな処罰を受けたのである。作人館を中心となって運営してきた指導教授の江帾梧楼、助教の佐々木直作《ささきなおさく》(板垣征四郎《いたがきせいしろう》の祖父)は、家老の楢山佐渡《ならやまさど》とともに捕らえられたため、作人館は休校に追い込まれる。

作人館扁額
〔『幕末盛岡の学校物語』(盛岡市中央公民館)より〕

日新堂の設立

盛岡藩においては、幕末に至るまで西洋の学問を修める場がなかった。作人館が明義堂といわれていた頃、医学所が新たに設けられることになり、藩医八角高《やすみたか》遠《とお》が西洋医術を講じたところ、漢方医の教官たちにより排斥運動が起こり、高遠は辞職を余儀なくされた。この高遠と蘭学を修めた大島高任とが協力し、洋学校日新堂《にっしんどう》設立に尽力した。

そのおこりは、文久元年（一八六一）四月、高遠と高任を中心とする二二名が洋学校の結社を目指し、盟約を結んだことに始まる。以後毎月二回ずつ集会を持ち、設立の打ち合わせを行うことになるのである。

西洋医学の普及と科学技術の伝習を目指した洋学校の設立に向けて歩き出した彼らは文久元年八月、一八名の同志連署の下に日新堂設立の許可、用地一万坪借用の嘆願書を藩に提出した。

藩の物産が乏しいのは科学技術の遅れによるもので、その遅れを取り戻すために洋学校を設立し、物産開発と医学研究を行いたいと主張したのだが、藩からの許可はすぐには出なかった。

文久二年、高任は藩令により、箱館奉行の下、箱館警備の視察と蝦夷地奥地の

大島高任

石灰山を調査した。その任務を果たすなかで、高任はロシアの南下政策の実情を知り、翌文久三年三月、帰藩した折に、藩政改革意見書を提出するに至る。

その中で高任は、海外との貿易の促進、北方警備のための富国強兵を促進することが急務であるとし、新たな学校の開設による人材の育成や教育の振興、社会資本を整備することによる産業の振興などを説いた。

特記すべきことは、士農工商という身分を外した義務教育の実現と、武士に留まらない徴兵制の実施である。長州藩の高杉晋作《たかすぎしんさく》によって実現した奇兵隊は農民を含んだ軍隊として知られるが、それが実現した同じ年に盛岡藩の大島高任が同じようなことを考えていたわけで、卓越した先見性というべきだろう。

この意見書に目を通した藩主利剛は心を動かされ、同年日新堂の設立を許可した。藩は盛岡城の東南新山館《しんざんだて》に敷地一万坪を貸し付け、学校運営のための建材を提供したのに加え、助成金を年五〇〇両ずつ交付することにしたのである。

高任や高遠ら盟約に集った社中同志による私学校として、日新堂は歩みを開始した。

西洋の科学知識を広める

その教育は、洋書講読、砲術の修練、医学・本草、製錬などを内容としており、

日新堂印章
（『幕末盛岡の学校物語』（盛岡市中央公民館）より）

物理、化学、医学、英語などに力点を置いていた。当時の先進国はイギリス、フランス、ドイツで、もはや従来のオランダ語による蘭学は時流に取り残されていた。そのため、高任は英仏独の語学学習と研究により、西洋の科学知識を広めようとしたのである。

一方の高遠は、医学教育に真価を発揮している。かつて高遠は上田新小路に借用していた土地に薬草を栽培していたが、元治元年（一八六四）にそれを日新堂内に移植し、家庭常備薬の製造と領内への頒布を開始した。また、天然痘の予防のために種痘を実施したことも高遠が関係した重要な事業である。

日新堂の経営は独立採算を旨とした。家庭常備薬を販売したほか、月謝を支払えない塾生には雷管を作らせて月謝に代えるなどの便宜が図られた。

領内の鉱山開発や調査といった事業にも、事務分掌を設けて取り組んだ。事業全体を統括するのが総督であるが、高任がその任に当たった。

だが、高任は釜石の洋式高炉事業の監督として活躍していたほか、小坂の高炉建設にも藩令により当たっており、多忙で、席を空けることが多かった。そのため、高遠が実際にはその任務を全うしていた。その名が知られるにつれ、日新堂には支藩である八戸藩からも入学希望者が現れるようになった。

とはいえ、戊辰戦争の敗北により、日新堂も閉鎖に追い込まれていく。賊藩とされた悲哀を味わうことになるのである。

第七章 戊辰戦争の敗北と盛岡の人材

「賊軍」盛岡藩は、一方で多くの人材が輩出した。

①幕府の倒壊と奥羽越列藩同盟

江戸幕府が倒壊し、鳥羽・伏見の戦いを皮切りに戊辰戦争が始まった。盛岡藩は奥羽越列藩同盟に参加し、薩摩・長州などの討幕派と戦った。戊辰戦争は新政府軍の勝利に終わり、秋田戦争に参戦した盛岡藩は「最後の賊藩」とされた。

鳥羽・伏見の戦い

慶応三年（一八六七）十月十四日、十五代将軍徳川慶喜《よしのぶ》は大政奉還を上表し、朝廷はそれを許可した。二百六十年以上に及ぶ江戸時代は終わりを告げたのである。だが、この時点では徳川幕府自体の勢力はまだ残っていた。全国の総石高の四分の一の領地は依然として幕府にあったし、政権を返された朝廷側には確固とした新政府のビジョンがあるわけではなかった。

薩摩・長州に代表される倒幕派は、単に幕府を倒しただけでは満足しなかった。政権を自分たちが握るためには旧幕府の勢力を殺がないといけない。そのために暗躍していたのである。

前年（一八六六）十二月に孝明天皇《こうめいてんのう》が死亡したが、これは毒殺の疑いが強いとされている。首謀者は岩倉具視《いわくらともみ》で、背後には薩摩の大久保利通《おおくぼとしみち》がいた。孝明天皇は京都守護職で会津藩主である松平容保《かたもり》を信頼しており、幕府を倒そうとは考えてはいない。大久保らにとって、邪魔な存在だった（佐々木克著『戊辰戦争』中央公論社）。

慶応三年（一八六七）十二月九日、薩摩・長州ら倒幕派は十五歳の明治天皇を担ぎだし、王政復古の大号令を下すことに成功した。慶喜は官位を退き、土地・人民を朝廷に返すことを命じられた。旧幕府勢力は以後、次第に旗色が悪くなってゆく。

勝敗を決定的にしたのは、翌年正月三日に勃発した鳥羽・伏見の戦いであった。この戦いでわずか三日目に勝利した薩摩・長州軍は天皇を味方につけ、「錦旗」を掲げた。自らが「官軍」であり、旧幕府勢力は「朝敵」とされたのだ。江戸に帰った慶喜には追討令が出された。

楢山佐渡と西郷隆盛

だが、薩摩・長州を中心とする新政府を容認しない勢力は抵抗を続けた。鳥羽・伏見の戦いを端緒とする戊辰戦争は、明治二年（一八六九）の箱館における五稜閣の戦いで旧幕府軍が敗退するまで続く。

新式の装備と軍略に勝る新政府軍は、旧幕府勢力を次々に打ち破り、破竹の勢いにあった。

盛岡藩が鳥羽・伏見の戦いの結果を知ったのは、正月十八日のことであった。江戸城に出頭を命じられた江戸家老の野々村真澄《ののむらますみ》に戦況が知らされたのだ。

やがて、仙台藩に会津藩討伐の命令が朝廷より下され、米沢、南部、秋田の各藩にも仙台藩と協力して会津を討伐するようにという命令が出された。

家老の楢山佐渡《ならやまさど》を中心として対応を検討していた盛岡藩に、仙台藩から使者がやって来た。かつての長州藩は禁門《きんもん》の変では朝敵とされたが、今は官軍である。だから、朝敵の名で会津を討つことは猶予したいと朝廷に建白《けんぱく》すべく人を派遣したので、その返事を待って行動を共にしようという内容であった。

佐渡は、意図はわかるが、朝命であり、出兵した後に建白すべきであると返事をして京都に向かった。幕府が政権を返上して以来、京都は各藩兵により守られており、その任務を遂行するのが目的だったが、京都の情勢をこの目で見たいという思いもあった。用人目時隆之進《めときりゅうのしん》、目付の中嶋源蔵《なかじまげんぞう》、佐々木直作《ささきなおさく》のほか兵二百名も同道した。

佐渡が見たのは、薩摩・長州下級兵士の専横であった。彼らは祇園《ぎおん》の花街をわがもの顔に練り歩くなど、粗暴な振る舞いが目立った。

ある日、佐渡は薩摩藩邸に西郷隆盛《さいごうたかもり》を訪ねた。西郷はあぐらをかき、数名の藩士と牛鍋を囲んで談論風発の最中だった。その姿を見た佐渡は、西郷らが中心の新政府に懐疑の念を抱いたとされる。折り目正しい佐渡は、新しい勢力の台頭に

楢山佐渡肖像（北田清二郎画）

反発を覚えるようになる。

新政府の実情を見聞した佐渡は、「薩長の専横著しい新政府を支持することはできない」という判断を下す。

奥羽越列藩同盟

折しも、仙台藩の建白は無駄に終わっていた。三月二十七日、仙台に奥羽鎮撫《おううちんぶ》総督《そうとく》九条道孝《くじょうみちたか》、副総督沢為量《さわためかず》、醍醐忠敬《だいごただたか》の一行が到着した。その中には長州の世良修蔵《せらしゅうぞう》、薩摩の大山格之助《おおやまかくのすけ》がいて、参謀として実権を握っていた。

やがて、仙台藩を介し会津から降伏謝罪の嘆願書が出された。仙台藩は米沢藩と協議の上、白石《しろいし》に奥羽諸藩を集め、会津助命の議を図ったのである。盛岡藩からは野々村真澄、江帾五郎（梧楼）が列席した。

「藩主は城外に謹慎し、京都における争乱の首謀者は斬首して差し出す」というこの嘆願書に対し、九条総督は許可しようとした。だが、世良修蔵の反対で却下された。かつて京都守護職にあった松平容保《かたもり》（会津藩主）の支配下にあった新選組が長州藩士に対し暴威をふるった記憶が生々しく、元々会津を許す気はないのである。世良はやがて、仙台藩士に斬られた。

同じ運命にあった北越《ほくえつ》諸藩が加わり、やがて奥羽越列藩同盟に発展した。白石の片倉城には「奥羽北越公議府」が設置された。この公議府には旧幕府老中板倉勝静、小笠原長行《おがさわらながゆき》のほか、榎本武揚《えのもとたけあき》が参加するようになり、次第に反薩長の拠点としての性格を強めてゆくのである。

九条総督が盛岡へ

奥羽越列藩同盟の成立により、仙台にいる九条総督の身に危険が迫った。そのことを憂慮した東征大総督府は肥前《ひぜん》藩の前山精一郎《まえやませいいちろう》を派遣して、救援に向かわせた。前山は肥前・小倉の藩兵を率いて仙台に到着し、九条総督や醍醐副総督を伴って盛岡に転陣した。

一行約千三百名は六月三日、盛岡に入った。盛岡藩は藩主利剛《としひさ》が総督のご機嫌伺いに訪れるなど、礼を尽くして迎えた。城下の寺院を宿舎に提供し、軍資金として一万両を提供するなど、朝廷への異志がないことを表明した。

盛岡に二十日あまり滞在した一行は、六月二十四日秋田に向かった。その頃秋田では同盟の盟約を守るべきか否かで藩論が二分されていたが、やがて同盟反対に藩論が決定した。その動きを察知した仙台藩では使者を派遣し盟約を守らせようとしたが、その使者を秋田藩士が斬ってしまった。このとき、たまたま同じ宿舎にいて九条総督に随行していた盛岡藩士が誤って斬られている。

このことが盛岡藩の藩論に微妙に影響する。秋田の同盟離脱は許せるが、何も盛岡藩士を斬ることはないではないかというのである。仙台からは秋田討伐の指令が出され、時を同じくして総督からは秋田藩を応援し庄内藩を討つべしという命令が下された。

楢山佐渡の決断

七月三日、盛岡藩では盛岡城中菊之間に家老、奉行、目付などが集まり、藩論をどうまとめるかで議論が闘わされた。このとき、反同盟の立場にあった家老の東《ひがし》中務《なかつかさ》は幽閉中であり、同盟論がやや優位であった。だが、結論はなかなか出ない。京都にいる楢山佐渡に帰国を促そう、ということになった。佐渡がどう決断するか、盛岡藩の運命はそれにかかってきたのである。

一方、佐渡には、国許の動きが逐一報告されていた。同盟支持を打ち出し帰国しようとしていた佐渡に、副使として同行していた目時隆之進と目付役として同行していた中嶋源蔵が異を唱えた。ふたりは時勢を考え、新政府に従うべきだとしたが、佐渡はその意見を聞き入れなかった。

目時隆之進は息子を含む数人の同志を連れて脱走し、六月四日新政府側に走った。中嶋源蔵は六月八日遺書を書き、血書を残して自害、佐渡を諫めようとした。

目時隆之進肖像（藤沼源三画）

佐渡は丁重になきがらを埋葬した。だが、自分の意見を変えることはなかった。中島源蔵、享年は四十歳である。

慶応四年(一八六八)七月十六日、帰国して登城した佐渡は、居並ぶ重臣を前に、決然と同盟支持を説いた。新政府につくべきかどうか思案していた藩は、佐渡の決断により秋田侵攻を開始した。

秋田戦争に敗れる

七月二十七日、佐渡と向井蔵人《むかいくらうど》を総大将とした総勢二千余名は秋田に出陣した。佐渡と向井は、それぞれ六百名の軍勢を率いて、先頭に立った。

八月八日、国境鹿角口《かづのぐち》に軍勢を進めた佐渡は、秋田藩十二所館《じゅうにしょだて》の守将である茂木筑後に対し、書状を送っている。「奥羽同盟の御趣意に御立ち戻」ることを促した内容だったが、翻意させることはできなかった。

このとき、秋田藩では総督の命により庄内討伐へ多くの兵士を差し向けており、十二所館の守備は手薄であった。茂木からの返書に接した佐渡は進軍を開始した。秋田藩は自ら十二所館に火をつけて退却した。

以後盛岡藩の進撃は止まるところを知らず、八月二十二日には要衝である大館《おおだて》城を落とし、さらに米代川沿いに進み、二ツ井まで迫った。

だが、盛岡藩の進撃もそれまでであった。秋田藩を支援する肥前《ひぜん》、島原《しまばら》、大村《おおむら》などの諸藩による新政府軍が続々と到着したのである。近代兵器を有する新政府軍の攻撃に対し、次第に盛岡藩は劣勢になっていった。

九月二十五日、ついに盛岡藩は戦いに敗れ、佐渡は戦争の首謀者として捕らえられ、東京に護送された。

おりしもこの月、元号が明治へと変わっている。盛岡藩は「賊軍」の汚名を着せられて新しい時代を迎えることになった。なお、佐渡とともに捕縛されたのは、作人館教授・江帾五郎、作人館助教・佐々木直作であった。

一方、十月九日、楢山佐渡と対立していた東次郎《ひがしじろう》（中務《なかつかさ》）の謹慎が解かれた。佐渡が官軍に捕縛されたとあっては、藩を取り仕切ることのできる人材は東しかいない。東はこれ以後、戊辰戦争後の盛岡藩のために奔走するのである。

秋田侵攻図

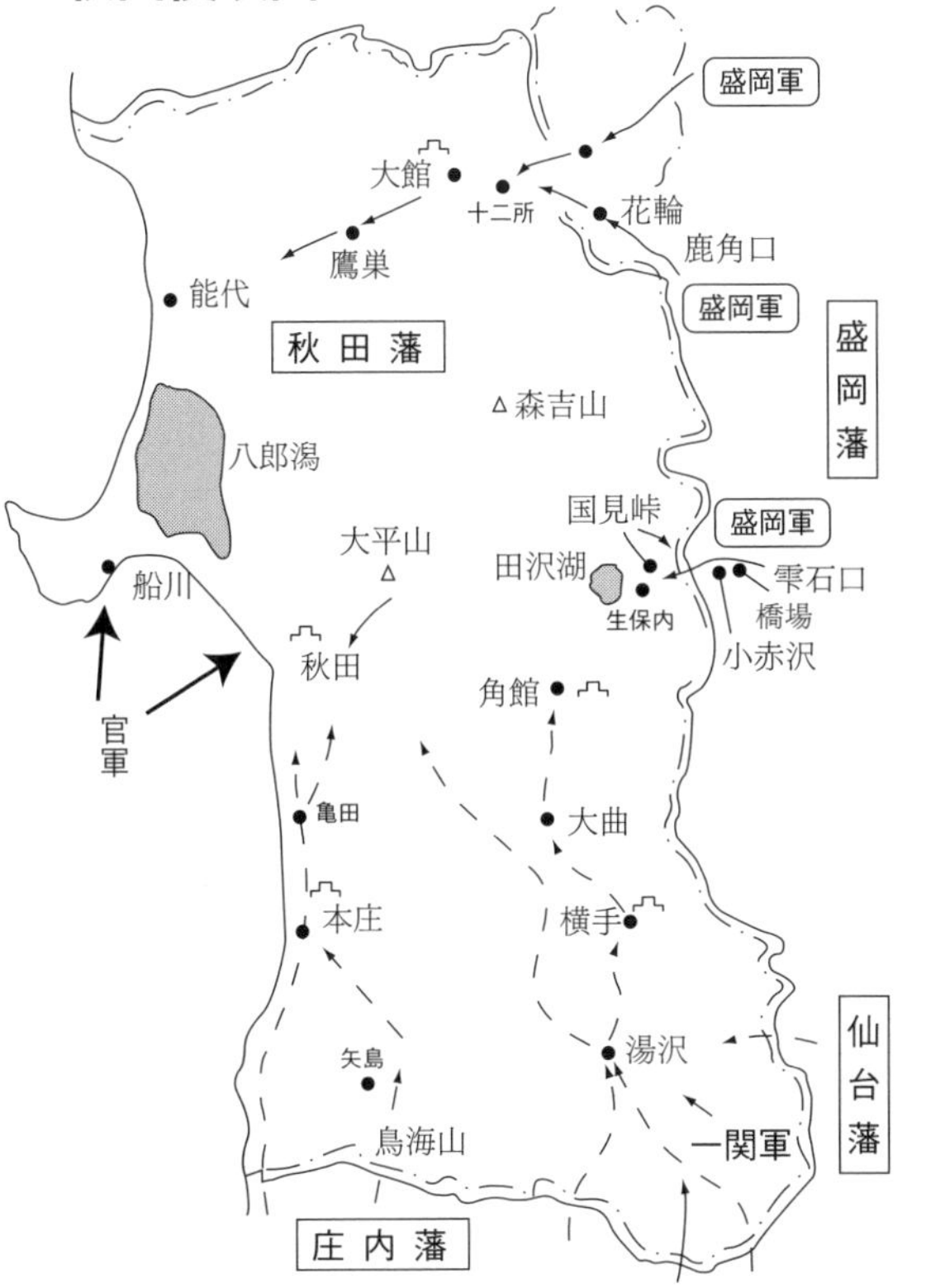

〔『戊辰戦争書留』（岩手県文化財愛護協会編）より〕

これも盛岡

お国自慢
ここにもいた盛岡人④
近世・近代日本を彩る盛岡出身者たち

岩手医大の創設者
三《み》田《た》俊《しゅん》次《じ》郎《ろう》（一八六二〜一九四二）

盛岡藩士の次男として、盛岡に生まれる。下橋《しものはし》小学校を出て代用教員となり、一八八〇年（明治十三）岩手医学校に入学。一八八六年、医術開業免許状を取得。東京帝国大学選科で眼科を専攻した後、一八九〇年盛岡市加賀野で眼科医院を開業。一九二八年（昭和三）、岩手医専（岩手医大の前身）を創設して理事長・校長となる。病院創立当初から施療部を設け貧困者の無料診療を実施したほか、結核患者のためのサナトリウムや精神病患者のための保養院を開設するなど、岩手県内の医療の振興に貢献した。また、岩手県議会議員、盛岡市議会議員としても活躍した。一九四二年九月十三日、八十歳で死去。

岩手の幼児教育の先駆者
長《なが》岡《おか》栄《えい》子《こ》（一八七七〜一九七二）

盛岡生まれ。東京女高師卒業後、盛岡高等女学校の教員となる。子育てをしながら働いていた栄子は、やがて女学校の雨天体操場を借り受け、毎日午後から幼児教育を開始。一九〇七年（明治四十）には、タッピング夫妻（盛岡バプテスト教会宣教師）の協力を得て、盛岡市内丸の宣教師館を園舎に、岩手県初の幼児保育を実現、盛岡幼稚園の礎《いしずえ》をつくった。なお、女優の長岡輝子は三女である。

日本語速記術の創始者
田《た》鎖《くさり》綱《つな》紀《き》（一八五四〜一九三八）

東京雑司ケ谷霊園に建つ田鎖綱紀の記念碑には、「日本文字始而造候居士」と戒名が刻まれている。綱紀は盛岡藩士の次男として生まれた。五、六歳の頃祖父が家で藩士相手に講義するのを聞きながら、口述筆記を思い立ったという。上京して大学南校（東大の前身）で出会った英語教師・ウィルソンにより、奇怪なる文字「フォノグラフィー」の存在を知り、日本語速記術の創案につながった。

野球殿堂入りした名捕手
久《く》慈《じ》次《じ》郎《ろう》（一八九八〜一九三九）

盛岡生まれ。盛岡中学校を経て、早稲田大学に進学し野球部に入部、正捕手として早大野球部の黄金時代を築いた。大学卒業後函館水電に入社、一九三四（昭和九）年の日米野球で全日本の主将を務める。大投手・沢村栄治とバッテリーを組んだ。一九五九年、野球殿堂入り。その功績をたたえ、都市対抗野球の敢闘賞として「久慈賞」が設けられた。

鉱山学者にして俳壇の重鎮
山《やま》口《ぐち》青《せい》邨《そん》（一八九二〜一九八八）

盛岡生まれ。盛岡中学校を出て上京し、一九一六年（大正五）東京帝国大学を卒業。その後、選鉱学に関する論文で工学博士の学位を受け、鉱山学者として活躍し東大名誉教授となった。一九二二年（大正十一）年に高浜虚子に入門。水原《みずはら》秋桜子《しゅうおうし》らと東大俳句会を興す。俳誌『ホトトギス』同人としても活躍し、俳壇の重鎮と目された。写生文の第一人者で、句集に『雑草園』『冬青空』などがある。

②

版籍奉還

戊辰戦争で敗れた盛岡藩には白石への転封令が出され、筆頭家老だった楢山佐渡は反逆首謀の罪名により、打ち首の刑となった。二十万石から十三万石へと石高が減らされた盛岡藩主・利恭はいち早く版籍奉還を実施した。七百年に及び支配してきた南部氏への愛着から、領内では「白石転封反対運動」が起こり、盛岡藩の郷里への復帰が認められた。

白石への転封令

やがて、新政府軍が盛岡にやって来て、武器弾薬を押収した。

十二月七日、盛岡藩の領地が没収され、国の直轄地とされた。領地は戸田・真田・大関の三藩に引き渡された。

十二月十七日、藩主利剛は二十万石の領地を没収され、謹慎させられた。新たに長子南部彦太郎《ひこたろう》（利恭《としゆき》）は旧仙台領白石《しろいし》十三万石に封じられ、家名を継ぐことになる。

翌年一月四日、白石への転封令が届いている。

この過程で、このような厳罰が下ったのは、盛岡藩の戦後処理に東次郎（中務）とともに携わっていた目時隆之進のせいだという批判が高まっていた。目時は早期降伏に功績があったとして、家老に抜擢されており、明治政府との折衝に

南部利恭

当たっていたのである。

「目時隆之進は盛岡と主君を薩長に売り渡した売国奴である」という噂が広まり、目時は麻布の藩邸に幽閉された。

やがて、取り調べのため盛岡に移送されることになったが、その途中、二月八日、現在の北上市黒沢尻の鍵屋《かぎや》（安原伊八邸）で「報国」の血書を残して切腹した。四十七歳の死であった。盛岡藩の行く末を案じて行動した目時は、結果として悲劇的な末路を迎えた。

このとき目時に随行した佐藤昌蔵《さとうしょうぞう》（佐藤昌介《しょうすけ》、輔子《すけこ》の父）は責任をとり、隠居謹慎の上、家督を昌介に譲っている。

一方、東京で謹慎生活を送っていた楢山佐渡にも死が待ち受けていた。同年（明治二年）六月二十三日、盛岡に移送された佐渡は、報恩寺において、反逆首謀の罪名により刎首《ふんしゅ》、すなわち打ち首の刑に処せられた。

多くの立ち会い人が見守るなか、処刑は切腹の形をもって行われた。佐渡は、最期に当たり、辞世の歌を残した。

花は咲く　柳はもゆる　春の夜に　うつらぬものは　武士《もののふ》の道

利恭が白石藩知事として赴任

盛岡藩の人々は、白石への転封の命を受け、明治二年五月から八月までに移るように通達を受けていた。旅費などは一切支給されず、自費での移住であった。しかも、二十万石から十三万石へと石高が減らされたため、今までどおりの諸士を召しあげることはできない。自活の道を探る者、北海道に新天地を求めて移住する者などに暇が出された。この際に暇を出された人々は、三八五五人に及んだ。

白石に移る者にしても、俸禄が半分以下に減らされ、家屋敷が没収されるという憂き目にあったので、長年雇っていた召使に暇を出し家財道具を売りはらっての、涙ながらの旅立ちであった。

盛岡から白石までは、二三〇キロメートルある。七日間の道中、馬や徒歩、あるいは川舟での旅である。困窮で旅費がなく、途中炊き出しを受けながらやっとのことで白石に到着する者もいた。挫折する者も出て、悲惨極まる道中であったといわれている。

明治新政府は、藩を統制する目的で版（土地）と籍（人民）を朝廷に返還する——版籍奉還を実施した。その政策を逸速く実施したのは、盛岡藩主利恭であった。利恭は「白石藩知事」となり、従五位甲斐守に任じられた後、謹慎していた東京から直接白石に赴任した。七月のことである。

白石転封反対運動

一方、盛岡を中心とする領民からは、南部の殿様との別離を惜しむ声が沸き起こっていた。藩政時代は苛政に苦しめられたが、七百年に及んで支配してきた南部氏への愛着が上回ったのである。領内からは「白石転封反対運動」が起こり、領内をあげての復帰嘆願書が出されている。

なかでも九戸在住の小田為綱《おだためつな》は、遠路東京までかけつけ嘆願書を差し出す熱心さであった。後に小田為綱は、明治三年に再興された作人館の教壇に立ち、原敬らを教えている。小田はかつて江戸で昌平黌《しょうへいこう》に学んだこともあり、尊攘派志士たちとも交遊があった。世情を知っているだけに薩長を中心とする新政府の専横を許せなかった。作人館では「われわれは賊ではない。真の賊は薩長である」と説いた。その教えが、原敬の反骨心に火を点けたといってもよい。

そうした運動が実を結び、七月には郷里盛岡への復帰が認められるようになった。こうした嘆願運動は、あまりほかの藩には起きなかった。盛岡藩に特有の運動といってもよいだろう。

小田為綱

七月に白石藩知事に任命されたばかりの南部利恭は、八月に「盛岡藩知事」に任命された。白石への赴任はわずか一カ月で終わったのである。

七十万両献金問題

だが、盛岡への復帰には七十万両の献金という条件が付いていた。このことが新たな苦心の種となる。

盛岡藩知事の支配地は十三万石である。岩手・紫波・稗貫・和賀の四郡にわたるが、旧盛岡藩領の半分に満たない。

土地や人民を朝廷に返還した盛岡藩にとって、七十万両という献金は不可能な数字であった。

諸士は甲冑や刀剣、衣服や家具までをも金に替えたが、それでも五万両を集めるのがやっとだった。

大参事の東次郎らがそのことを政府に申し入れると、翌明治三年五月、五万両の献金だけで免除された。

城下の代表的な商人であった鍵屋は、藩のために献金したが、所有していた尾《お》去沢《さりざわ》銅山を手放すはめになり、ついには破産に追い込まれた。尾去沢銅山はやがて大蔵省に没収されたが、鍵屋はそれを不服として裁判を起こした。だが、結局

鍵屋の商い物看板
〔『図説 盛岡四百年』（郷土文化研究会）より〕

銅山の返還は叶わず、うやむやのままに終結した。

また、盛岡の為替を一手に引き受けていた井筒屋（小野組）も、明治政府が荷担した三井組との争いに敗れ、破産した。

七十万両献金問題のあおりを受け、鍵屋と井筒屋が破産したことは地元経済の立ち遅れとなって尾を引くことになる。

3

盛岡藩の人材

明治三年七月、藩校の作人館が再興され、「賊藩」の悲哀をバネに多くの逸材が学んだ。藩閥の壁が盛岡藩出身者に立ちふさがったが、外交と軍事の分野に才能を発揮する人々が続出した。原敬、新渡戸稲造などが輩出し、「賊藩」の屈辱が次第に雪がれた。

那珂梧楼・通世

「賊藩」としての出発を余儀なくされた盛岡藩だが、その原動力となったのは教育だった。明治三年七月、藩校の作人館が再興されたのである。

この作人館に学んだ人々に、後に首相となる原敬、北海道帝国大学初代総長となる佐藤昌介らがいた。彼らは幕末の悲哀を身を以て体験していたので、それを反骨精神として刻苦勉励した。

作人館創立の中心となった那珂梧楼（江帾五郎から改名）のその後について、触れておく。

梧楼は秋田戦争の責任を問われ、楢山佐渡、佐々木直作とともに東京に送られ、南部家の菩提寺である金地院《きんちいん》での謹慎を命じられた。梧楼の謹慎はなかなか解けず、金地院での謹慎後は福井藩別邸でさらに二年間謹慎が続き、明治四年（一八七一）九月、やっと家族との生活が許されている。

『幽囚日録《ゆうしゅうにちろく》』は十カ月に及ぶ謹慎生活の記録だが、約千名に及ぶ人物が登場し、明治時代初期の盛岡藩の動向を知るうえで貴重な文献である。

梧楼はその後木戸孝允《きどたかよし》の引きで文部省に入り、師範学校用の教科書の編纂に携わった。東京での遊学時代、梧楼は吉田松陰との縁で木戸孝允と会ったことがあった。才能を見込んだ養嗣子・那珂通世《なかみちよ》（一八五一～一九〇八）は後に、東洋史の泰斗《たいと》として活躍するようになるが、梧楼は通世に末期の願いとして「朝敵」の汚名を雪《すす》ぐことを託したという。通世は克己勉励して当代一の東洋史学者となった。『支那通史《しなつうし》』『成吉思汗実録《ジンギスカン》』などの著作がある。なお、華厳《けごん》の滝に投身自殺して話題になった藤村操《ふじむらみさお》は那珂通世の甥である。

大島高任

また、洋学校日新堂で活躍した大島高任だが、日本で最初に西洋式高炉を建設した高任の才能を新政府は見逃さなかった。

高任は木戸孝允や大久保利通らに随行して欧米の鉱業を視察し、帰国後は全国の鉱山を回って指導や監督に当たるなど、日本国内の鉱業近代化に大いに貢献した。明治二十三年（一八九〇）には日本鉱業会初代会長となり、「日本近代製鉄業の

那珂通世

父」として活躍した。

高任は晩年、国産葡萄酒の醸造にも関心を示している。明治二十一年(一八八八)四月、那須野葡萄園を開設した高任だが、この事業は失敗に終わった。おそらく、欧米視察中に葡萄酒を飲む機会があったのだろう。葡萄酒は明治初年頃日本に登場したが、当初は若い娘の生き血だという噂も流れ、なかなか普及しなかった。事業の失敗はその辺に起因しているのかもしれない。

共慣義塾

明治五年(一八七二)に学制が施行される以前、全国ではおびただしい数の私塾や家塾が創設されたが、共慣義塾《きょうかんぎじゆく》はその前年八月に開設された。南部家が旧藩俊秀子弟のために開設した英学校である。発案したのは家令の山本寛次郎《やまもとかんじろう》である。当初はかつて藩主だった南部利恭の東京移住の際に京橋区木挽町に設置したが、翌年二月新富町に塾舎を新築移転したものの火災に遭い、湯島に移った。

「賊藩」とされたため、不利な出発を余儀なくされた遅れを教育によって取り戻そうという意図が南部利恭とその側近にはあったのかもしれない。新渡戸稲造、田鎖綱紀《たくさりこうき》らそうそうたる人々がこの義塾に学んでいる。原敬もそのひとりであった。

原敬は十五歳で上京、まず深川佐賀町に住んでいた那珂梧楼を訪ね世話になっている。そこで合流した栃内元吉《とちないもときち》とともに、共慣義塾に入るのである。この塾の特色は学費が安いことであったが、それでもその工面は容易ではなく、郷里の母は住宅を母屋を残して売り払い、敬の学費にしたといわれている。

共慣義塾は門戸を広くしていたため、後に内閣総理大臣になる犬養毅《いぬかいつよし》も学んでいる。隆盛を示した時期もあったが、次第に学生が集まらなくなりいつしか閉鎖されてしまった。だが、福沢諭吉《ふくざわゆきち》の英語塾と並び称せられた時期もあり、旧藩俊秀子弟に勉学の場所を与えた意義は大きい。

東次郎

故郷を出て上京し、新しい道を開こうとした盛岡藩出身者に立ちふさがったのは、藩閥《はんばつ》の壁であった。薩摩や長州出身者を中心にして構成された明治政府では、盛岡藩出身者ははじめから活躍の舞台が限定されていた。比較的活躍の余地が残されていたのは、外交や軍事の分野である。盛岡藩出身者に外交官や軍人が多いのはそのためである。

盛岡藩の家老となり、秋田戦争の敗戦後の処理に当たった東次郎は元々南部家一門だったが、父と対立したため定禄を没収され、南部と称することができなか

東次郎

った。後に南部次郎に戻ったが、次郎は外務省に入省、韓国釜山《プサン》に在勤後、清の芝罘《ヂーフ》（現在の煙台《イエンタイ》）初代領事となっている。明治十九年(一八八六)に退官した。

原敬

身を以って旧盛岡藩士の生き方の姿勢を示した形の東次郎だが、外交官として最初に華々しい活躍をしたのは原敬である。東次郎が外務省に入省したのは明治十五年(一八八二)だが、奇しくも同年原敬が外務省に入省しているのだ。ふたりは上海で会っている。

安政三年(一八五六)二月九日に生まれた原敬は、十二歳のとき盛岡藩降伏の悲哀を味わっている。十四歳のとき(明治三年)、再興された「藩校作人館修文所」に入り約二年間学んでいる。上京したのは十五歳のときで、前述したように那珂梧楼宅に身を寄せた後、共慣義塾に入るのである。以後苦学時代が続く。

司法省法学校を経て新聞記者となっていた原に、外交官としての道を開いたのは井上馨《いのうえかおる》だった。外相の井上の下で、太政官御用掛兼外務省御用掛公信局勤務となる。二十六歳のときであった。

翌明治十六年十一月、二十七歳で中国・天津領事となっている。藩閥政府のなかで順調な出世を遂げている。その後、農商務省に転じたが、明治二十五年、三

原敬

十六歳のとき外務省通商局長・取調局長を兼務している。明治三十年九月一日、原敬は外務省を退官している。

その後、原敬は大阪毎日新聞社社長を経て、政党政治家となり、大正七年（一九一八）九月二十九日第十九代内閣総理大臣となった。

原敬は朝敵の汚名を雪ぐだけではなく、政党政治を確立し、民主化を促進した。原敬の下で、教育の向上、鉄道網の整備などによる地方の振興、選挙資格の拡大などがなされるのであり、いずれも従来の藩閥政府がなしえない政策であった。

その原敬が座右の銘にしていたのは、「宝積《ほうじゃく》」であった。宝積経にあることばで、人に尽くして見返りを求めないという意味である。そのことばはまさに、原敬の生涯そのものを表している。

新渡戸稲造と佐藤昌介

教育者・思想家としてだけではなく、外交官としても活躍した新渡戸稲造にも、原敬の影があった。国際連盟事務次長としてヨーロッパに稲造が旅立ったのは、原敬が総理大臣のときであった（大正九＝一九二〇年五月）。

新渡戸稲造は文久二年（一八六二）九月一日、盛岡に生まれた。祖父・伝《つとう》は盛岡藩勘定奉行を務め、三本《さんぼん》木《ぎ》原《はら》（現青森県十和田市）の新田開発に尽力した人物。

宝積の石碑

父・十次郎もやはり勘定奉行で、伝の事業を継続しようとしたが、慶応三年(一八六七)十二月志半ばに四十八歳で世を去っている。稲造が五歳のときである。

明治四年(一八七一)八月、稲造は九歳で叔父・太田時敏を頼って上京し、芝桜川町の盛岡藩邸に勤務していた太田の下から、共慣義塾に通いはじめる。やがて、大学南校(東大の前身)で同郷の先輩・佐藤昌介との出会いが待っていた。昌介の父・昌蔵は太田時敏と同様に盛岡藩出身であり、そういった共通点もあって、ふたりはすぐに仲良くなった。

なお、昌蔵は家老であった東次郎の側近として、明治七年一緒に上海に渡り、日清両国間互換条約調印に当たっている。

佐藤昌介はその後、大学南校から札幌農学校(現北海道大学)へと進み(第一期生)、米国留学後に帰国、北海道帝国大学初代総長となり、農業技術の発展に貢献した。

共慣義塾を経て、大学南校で昌介と知り合った稲造は、後を追うように札幌農学校に入学(第二期生)し、英語の原書をむさぼるように読んだという。東大からアメリカ・ペンシルバニア州のアレゲニー大学に留学していた稲造に、昌介から誘いが届く。自分がいるボルチモアのジョンズ・ホプキンス大学に来ないかというのである。

稲造はその誘いに乗ったのだが、そこで伴侶となるメリー・エルキントンと出

新渡戸稲造

佐藤昌介

会い、明治二十四年に結婚。

英語に習熟していた稲造は明治三十三年に『武士道』を英語で刊行、世界的なベストセラーとなった。武家に生まれた稲造には武士道の教えが身についており、日本を紹介する格好の書物として世界の人々に受け入れられたのである。

稲造は一高（現東大前期課程）校長のとき、盛岡中学校（現盛岡一高）で訓話をしたことがある（明治四十二年六月二十五日）。

そのときの聴衆に、入学したばかりの宮沢賢治がいた。故郷に錦を飾った稲造の姿は賢治の目に焼き付き、上京して作家となるという目標を植えつけたと推測される。『武士道』が世界で読まれたという事実が、世界の人々に作品を読まれたいという賢治の夢を育んだのである。生前は無名で終わった賢治は人工国際語・エスペラントに大きな関心を寄せたが、死後世界各地で読まれる作家となった（拙著『世界の作家　宮沢賢治』参照）。

ちなみに、その『武士道』だが、楢山佐渡の影響が見え隠れする。稲造の祖父・伝は三本木原（現・青森県）開拓で名を馳せた人物だが、佐渡と親しかった。また、太田時敏《おおたときとし》も佐渡と親しく、佐渡の切腹の様子を詳細に稲造に聞かせたという。稲造にとって、佐渡は理想の武士像を象徴する存在だったのである。

国際連盟事務次長となった稲造は、アインシュタイン、キュリー夫人ら世界を代表する知識人と交流し、教育者・思想家として活躍した。

出淵勝次

原敬が活躍を始めて以来、盛岡藩出身者が表舞台に次々と躍り出てくる。外交官として活躍した出淵勝次《でぶちかつじ》の名前は、『原敬日記』（明治四十二年一月十六日）に登場する。ドイツのドレスデンに滞在中の原は、出淵の案内で市街地を見て回った後、出淵の家で夕食をごちそうになっている。

明治十一年（一八七八）七月二十五日、旧盛岡藩士の家に生まれた。盛岡中学校（現盛岡一高）、東京高商（現一橋大学）を経て、外交官の道を進む。韓国の京城《ソウル》に赴任後、ドイツで書記官をしていたときに原敬と出会う。当時の原は内務大臣として欧米視察中の身で、出淵は郷土の先輩であり盛岡藩出身者のいわばエースである原を畏敬の念をもって歓待したに違いない。

出淵は大正十三年に外務次官となり、中国・山東半島還付問題に尽力した人物として知られる。外務省退官後は貴族院議員、参議院議員として活躍した。

出淵勝次

杉村陽太郎

新渡戸稲造に引き続き、国際連盟事務次長になったのが杉村陽太郎《すぎむらようたろう》である。明治十七年(一八八四)盛岡に生まれた陽太郎は、東京帝国大学法科大学に進んだ。外交官になったのは、やはり外交官として活躍した父・濬《ふかし》の影響があったのかもしれない。

杉村濬は盛岡藩士の家に生まれ、外務省通商局長・ブラジル公使として活躍した。日本からブラジルへの移民は、杉村濬が実現させたものである。

日本が軍国主義への道を突き進んでいく中で、難しくなる国際局面を切り抜けるために陽太郎は尽力した。昭和十五年に東京オリンピックが誘致された。実現しなかったが、その立て役者といわれている。

なお、ペルー大使・ケニア大使として活躍し外務省を退官した青木盛久《あおきもりひさ》は杉村陽太郎の孫に当たる。六千人のユダヤ人をナチスドイツの迫害から救った外交官・杉原千畝《すぎはらちうね》の妻・幸子は遠野市にゆかりの人であり、二〇〇四年(平成十六)遠野市に夫妻の顕彰碑ができた。

外交官の系譜は今に続いているのである。

東条英教・英機

明治時代、盛岡藩出身者は外交と軍事に活路を見出そうとしたが、軍人としてまず突破口を開いたのが、東条英教《ひでのり》である。第二次世界大戦後に戦犯として処刑

杉村陽太郎

された元総理大臣・英機《ひでき》はその息子である。

　東条英教は安政二年(一八五五)十一月八日、盛岡に生まれた。作人館を経て陸軍教導団に入団、陸軍大学に進み、ドイツに留学して戦術や戦史を研究した。幼児より秀才といわれただけあって、次第に頭角を現わし、後に陸軍中将まで昇りつめている。これは、明治時代盛岡藩出身者としては軍人の最高位である。

米内光政

　米内光政《よないみつまさ》は、明治十三年(一八八〇)三月二日、盛岡に生まれている。盛岡中学校(現盛岡一高)を経て、海軍兵学校に進み、海軍大学校を卒業後に中国・旅《りょ》順《じゅん》要港部の参謀となる。昭和十一年には連合艦隊司令長官となり、翌年二月林内閣の海軍大臣、四月海軍大将と順調に出世を遂げた。内閣総理大臣となるのは昭和十五年であるが、ずっと戦争の早期終結を主張し続けた。

　第二次世界大戦後に戦犯となった板垣征四郎《いたがきせいしろう》は陸軍大臣となったが、東条英機とともに絞首刑になった。祖父は秋田戦争で責任を問われた、佐々木直作である。

　ほかに、近衛《このえ》内閣時代に海軍大臣となった及川古志郎《おいかわこしろう》、海軍大将となった山屋《やまや》他人《たにん》など多くの逸材が輩出している。皇太子妃の雅子《まさこ》様は山屋他人《やまやたにん》の曾孫である。

東条英教

米内光政

これも盛岡

お国自慢

ここにもいた盛岡人⑤

近世・近代日本を彩る盛岡出身者たち

第七十代内閣総理大臣

鈴木善幸《すずきぜんこう》（一九一一〜二〇〇四）

下閉伊郡山田町の網元の家に生まれ、一九三五年（昭和十）農林省水産講習所（現東京水産大学）を卒業。大日本水産会、全国漁業団体連合会を経て、一九四七年、日本社会党から参院選に出馬し、初当選。翌年社会党を離党し、社会革新党結成への参加を経て、秋に民主自由党（後の自由党）に入党。四九年総選挙からは保守政治家として通算一六回の当選を重ねた。一九六〇年、池田勇人内閣のとき郵政大臣として初入閣した。官房長官、厚生大臣を経て、一九七二年自民党総務会長に就任。一〇期通算六年七カ月在任した。農林大臣を経て、一九八〇年自民党総裁・内閣総理大臣に就任（一九八二年に辞任）。大平正芳内閣総理大臣の逝去後、大平が率いていた派閥・宏池会を継承し話し合いによって選出されたもので、後の中曾根総理大臣による行政改革に道筋をつけたほか、参議院の全国区選挙を拘束名簿式比例代表制に改めた。

東北の鉱山王

瀬川安五郎《せがわやすごろう》（一八三五〜一九一一）

盛岡生まれ。安政年間に両替屋を相続し、生糸商人として福島に進出する。明治九年、秋田県荒川鉱山の払い下げを受け、鉱山経営を開始。一八九六年（明治二十九）、荒川鉱山を三菱に売却。一九〇七年には岩手県花輪鉱山、秋田県曙鉱山、岩手県山田鉱山を経営し、「東北の鉱山王」の異名をとる。かつて盛岡で過ごした邸宅の南昌荘は現在、一般に公開されている。

鹿島を株式会社に改組

鹿島精一《かじませいいち》（一八七五〜一九四七）

盛岡藩士・葛西晴寧《はるやす》の長男として盛岡に生まれる。盛岡中学校・旧制一高を経て、東京帝国大学工学部卒業後、逓信省鉄道作業局に入社。望まれて鹿島家の養子となり、糸子と結婚し、鹿島組副組長となる。養父・岩蔵《いわぞう》亡きあと、一九一二年（明治四十五）に組長となる。同社の近代化に取り組み、鹿島組を株式会社に改組する。日本土木学会会長、日本土木建築統制組合理事長などの要職を歴任した。

『日米時事新聞』の創刊者

浅野七之助《あさのしちのすけ》（一八九四〜一九九三）

盛岡市生まれ。原敬《はらたかし》の書生をしながら、『東京毎日新聞』記者として働く。一九一七年（大正六）に渡米。『日米新聞』の記者を経て編集局長となり、激しくなってきた日本人排斥運動に抵抗した。戦後は『日米時事新聞』を創刊して社長となり、日系人の権利獲得のために尽力した。その功績から「日系人の父」として慕われ、サンフランシスコ市長から「日米親善に尽くした」として表彰された。

乳児死亡率ゼロを実現した生命村長

深沢晟雄《ふかざわまさお》（一九〇五〜一九六五）

沢内村（現西和賀町）に生まれる。一関中学校（現一関一高）などを経て東北帝大法文学部を卒業。一九五七年（昭和三十二）、沢内村村長となる。豪雪地帯の沢内村は当時、乳児死亡率が県内で最悪で、無医村だった。深沢は青年医師を招聘するなど地域医療改革に取り組んだ。乳児や老人の医療費無料化を村費で断行。乳児死亡率ゼロを実現した。その「生命行政」に全国各地の自治体、厚生省が追随した。

これも盛岡

お国自慢

ここにもいた盛岡人⑥

近世・近代日本を彩る盛岡出身者たち

石割り桜を火災から守った植木職人
藤村益治郎《ふじむらますじろう》(一九〇三〜一九九六)

盛岡地方裁判所内にある石割り桜は盛岡市で最初の国指定文化財で、樹齢三百年といわれている。一九三二年(昭和七)九月二日夜半、裁判所から出火し構内の建物はほとんど焼失したが、駆けつけた藤村益治郎は着ていた半纏を脱ぎ、必死で火の粉を払った。そのおかげで、石割り桜は奇跡的に蘇生し生きながらえることができた。その後も、石割り桜は枯死の危機に見舞われたが、造園業者である益治郎とその子弟の手厚い奉仕により、毎年四月下旬から五月上旬の開花期には割れた巨岩からみごとな花を咲かせ、多くの観光客を楽しませている。また、瀬川安五郎が建てた「南昌園」の庭は京都の名園を模して精魂込めて造園された。その後、「南昌園」は赤澤多兵衛の自宅となり、益治郎の力を得て、現在も名園として残っている。

フォービズムの先駆者
萬《よろず》 鉄五郎《てつごろう》(一八八五〜一九二七)

花巻市に生まれる。小学校二年生の頃から洋画の通信教育を受け、異常なほどの絵への関心を示す。上京し早稲田中学校を経て、東京美術学校へ入学。その卒業制作として発表した「裸体美人」「自画像」が、日本でのフォービズム(野獣派)の先駆的作品として高い評価を得た。現在、記念館が故郷に建っている。

夭折した抵抗の画家
松本《まつもと》 竣介《しゅんすけ》(一九一二〜一九四八)

東京に生まれる。二歳のとき、父の仕事の都合で花巻に移る。盛岡中学校在学中に流行性脊髄膜炎にかかり、聴力を失う。中学を三年で退学し上京、太平洋画会研究所に入所し、本格的に絵の勉強を開始。一九三五年(昭和十)に「二科会」で初入選を果たし、一九四〇年には「都会」で特別賞を受賞、次第に名声を得た。戦時中の疲労や栄養不良により夭折。

野の花を愛した画家
深沢紅子《ふかざわこうこ》(一九〇四〜一九九三)

盛岡市生まれ。盛岡高等女学校を経て、東京女子美術学校を卒業。卒業とともに同郷の画家深沢省三と結婚し、おしどり画家として知られた。一九二五年(大正十四)二科展初入選。一九三七年(昭和十二)一水会に、一九四八年には女流画家協会創立に参加。没後中津川河畔に「深沢紅子・野の花美術館」がオープンした。

エッセイに優れた日本を代表する彫刻家
舟越保武《ふなこしやすたけ》(一九一二〜二〇〇二)

一戸町生まれ。盛岡中学校で松本竣介と同級。ともに絵画クラブに所属した。高村光太郎が翻訳した『ロダンの言葉』に感動し、彫刻への興味を募らせる。東京美術学校彫刻科を卒業後、石彫への取組みを始める。一九六二年(昭和三十七)「長崎二六殉教者記念像」で高村光太郎賞受賞。一九六七年、母校である東京芸術大学教授に就任。一九七八年芸術選賞文部大臣賞を受賞。日本を代表する彫刻家として晩年には文化勲章を受章したが、文筆にも優れ、一九八三年『巨岩と花びら』で日本エッセイスト・クラブ賞を受賞している。

エピローグ

現代に生きる盛岡藩

明治五年（一八七二）一月八日、岩手・紫波・稗貫・和賀・閉伊・九戸の六郡から成る「盛岡県」は、「岩手県」と改称された。その後、行政区画が目まぐるしく変更されたが、明治九年四月磐井郡が廃止され、その管下に置かれていた磐井・胆沢・江刺の三郡が岩手県に所属するようになった。同年五月には気仙・二戸の二郡が新たに岩手県に編入され、岩手県は十一郡を擁する日本で一番面積の多い県となった。

盛岡は岩手県の県庁所在地とされたが、明治二十二年盛岡市となった。県庁や市役所など、現在でも旧盛岡城の跡地近くに主要な行政機関が置かれているが、盛岡城のその後を紹介する。

明治五年一月十五日、盛岡城は閉鎖され、城は兵部省《へいぶしょう》の管轄となった。明治七年には廃城となり、陸軍省（兵部省は陸軍省と海軍省に分割された）の用地となった。その過程で、城内の建築物のほとんどが取り壊されてしまった。

明治二十三年城跡は南部家に払い下げられたが、明治三十九年、岩手県は南部家からの貸与を受け、公園としての整備を開始、同年九月十五日、「岩手公園」として開園した。設計を担当したのは、当時斯界の第一人者であった長岡安平である。

以後岩手公園は人々に愛され、平成十八年（二〇〇六）開園百周年を迎えたことを記念して、愛称を「盛岡城跡公園《もりおかじょうあとこうえん》」に決めた。公園には石川啄木の「不来方《こずかた》の　お城の草に寝ころびて　空に吸はれし　十五の心」の歌碑や新渡戸稲造の「願わくはわれ太平洋の橋とならん」の碑が建っている。城跡のほど近く旧岩手県立図書館跡には、原敬の「戊辰戦争殉難者五十年祭」の碑の祭文を記した顕彰碑が建っている。そのほか、宮沢賢治など岩手公園ゆかりの人々を挙げれば切りがない。

「最後の賊藩」とされた旧盛岡藩出身者は、明治新政府では当初活躍の舞台を与えられなかった。そうした逆境にもかかわらず、多くの有為な人材が輩出しえたのはなぜだろうか。

開園当時の岩手公園鶴ヶ池付近

そのことを考えたとき、今も石垣が残るこの公園の存在に思いが至る。廃墟と化した盛岡城の姿を眺めながら、旧盛岡藩出身者は自らの反骨心に火をともし続けたのかもしれない。
十六代藩主・南部利恭《としゆき》が白石に転封されたとき、旧盛岡藩の領民は盛岡への復帰を強く願い、嘆願運動を展開した。その運動は実を結び、やがて盛岡への復帰が認められた。七百年以上にわたってこの地を支配してきた南部氏への愛着がそれだけ強かったということで、そのような例はほかの藩にはみあたらないのだという。
時代は変わったが、盛岡藩の遺産は現代に引き継がれている。盛岡城跡公園は、その象徴的な存在である。

あとがき

私は旧仙台藩である陸前高田市の出身ですが、十年ほど前に東京から岩手へUターン。盛岡市にある印刷所で、郷土出版物の編集者として勤務することになりました。

その最初の大きな仕事が今は亡き中村七三さんによる自費出版『馬医版本の研究』の編集でした。盛岡藩の豪商・糸治《いとじ》の家系に生まれた七三さんは慶応大学を卒業し実業の世界に身を置きましたが、若い頃研究者を志した時期があったといいます。長年その思いをひきずりながら馬に関する古書を多数収集し、研究を進めていました。その思いは昭和五十三年（一九七八）に私設の馬事資料館「稍徳館《しょうとくかん》」を開設したことからもうかがえます（今はその資料館はありません）。七三さんは、晩年にこれまでの研究成果を世に問い、後世に残したいと思ったのでした。

すでにその成果は原稿用紙にほとんど書かれていましたが、失明に近い状態で自分では判読できない状態でした。私の仕事はその原稿をわかりやすく書き直したり、重複する部分を削除したり、口述する内容を筆記したりすることでした。

盛岡市中央公民館には、江戸時代の商家の雰囲気を今に伝える糸治の屋敷（旧中村家住宅）が移築されています。私が通ったのは大正時代に建てられた茶畑《ちゃばたけ》の別邸で、葛《か》西萬治《さいまんじ》設計のその家はガラス細工を多用した貴重な歴史的建造物でした。

その家に一年以上通ったでしょうか。七三さんの祖父は実業界の大立者で原敬《はらたかし》と親しかったし、多くを見せていただいたわけではありませんが、その家には江戸時代からの遺産が残っていました。また、奥さんは一関藩の田村家の家系から迎えられたと聞かされていましたし、折りに触れて語られる七三さんの話は江戸時代の香りで満ちていました。盛岡藩政時代の盛岡の街が親しみを帯びて近寄ってくる思いがしたものです。

結局、その本の費用はトータルで二千万円近くかかったと記憶しています。私は研究書の出版にそれだけのお金を投じる人がいること自体に、驚きました。豪商の血が流れている人は違うな、とも思いました。和紙を使用した千頁を超える函入りの豪華本に仕上がりましたが、装丁を担当した村上善男さんも今は亡き人になりました。村上さんは岡本太郎と親交があった盛岡出身の美術家です。

本書を執筆するに当たり、多くの出版物を参照させていただきました。それらの本の著者に感謝申し上げます。折りしも今年(二〇〇六年)は南部氏の居城であった盛岡城が「岩手公園」として開園してから百年目、節目の年に当たります。九月十五日には、愛称が「盛岡城跡公園《もりおかじょうあとこうえん》」に決まりました。

本書が岩手公園と同様、盛岡藩の歴史をわかりやすく伝える入門書として多くの読者に愛されるなら本望です。最後に、編集を担当していただいた現代書館の社長で、一関一高の大先輩・菊地泰博さんに深く感謝いたします。どうもありがとうございました。

参考文献

細井計編『南部と奥州道中』（吉川弘文館、平成十四年）
細井計編『東北史を読み直す』（吉川弘文館、平成十八年）
太田俊穂『南部藩記』（大和書房、昭和五十年）
太田俊穂『最後の南部藩士』（新人物往来社、昭和五十一年）
長岡高人『盛岡藩校　作人館物語』（熊谷印刷出版部、昭和五十五年）
長岡高人『盛岡藩　日新堂物語』（熊谷印刷出版部、昭和五十七年）
吉田義昭・及川和哉『図説盛岡四百年』（上巻）（郷土文化研究会、昭和五十八年）
一ノ倉則文編『用語　南部盛岡藩辞典』（東洋書院、昭和五十九年）
岩手古文書学会編『幽囚日録（那珂梧楼日記）』（国書刊行会、平成元年）
奥羽史談会編『郷土史（青森県・岩手県・秋田県）年表』（奥羽史談会、平成八年）
浦田敬三・藤井茂『新訂版いわて人物ごよみ』（熊谷印刷出版部、平成十八年）
工藤利悦『盛岡藩歴史資料ガイドI』（盛岡市教育委員会、平成十四年）
岩手県立博物館『北の馬文化』（㈶岩手県文化振興事業団博物館、平成十二年）
盛岡市中央公民館『南部家の名宝』（盛岡市中央公民館、平成十二年）
盛岡市中央公民館『幕末盛岡の学校物語』（盛岡市中央公民館、平成十三年）
盛岡市中央公民館『盛岡城下の街づくり』（盛岡市中央公民館、平成十七年）
遠藤公男『盛岡藩御狩り日記』（講談社、平成六年）
佐々木克『戊辰戦争』（中央公論社、昭和五十二年）
星亮一『奥羽越列藩同盟』（中央公論社、平成七年）

協力者

岩手県立図書館
岩手県立博物館
盛岡市中央公民館
盛岡市立先人記念館
及川和男
斎藤五郎

カバー図版協力者

・永井の大念仏剣舞〔『盛岡の文化財』（盛岡市教育委員会）より〕
・梨子地向鶴紋唐草蒔絵紙台／黒漆地剣先向鶴紋陣笠／川井鶴亭筆「盛岡城下古絵図」／不動明王打出五枚胴具足／金日輪文様軍扇／増補行程記／南部家伝来「白羅紗地日出紋陣羽織」／相撲極伝之書〔以上、盛岡市中央公民館蔵〕
・盛岡藩参勤交代図巻〔太田稔氏蔵〕
・絹本著色南部盛岡藩主南部利直画像〔『図説　盛岡四百年上巻』（郷土文化研究会）より〕
・南部絵暦〔佐藤八重子氏蔵〕
・作人館鉄瓶〔盛岡市立仁王小学校蔵〕
・藤原家住宅〔日本民家集落博物館〕

佐藤竜一（さとう・りゅういち）
一九五八年（昭和三十三）岩手県陸前高田市生まれ。
編集者・作家。東京での編集者・記者生活を終えて、帰郷。郷土出版物の編集者を経て、現在は岩手大学教育学部特命准教授。
著書に『それぞれの戊辰戦争』『黄瀛《こうえい》』『世界の作家　宮沢賢治』『原敬と新渡戸稲造』など。

シリーズ藩物語　**盛岡藩**

二〇〇六年十一月十日　第一版第一刷発行
二〇一九年九月三十日　第一版第五刷発行

著者――――佐藤竜一
発行所――――株式会社　現代書館
東京都千代田区飯田橋三―二―五　郵便番号102―0072
電話03―3221―1321　FAX03―3262―5906　振替00120―3―83725
発行者――――菊地泰博
組版――――エディマン
装丁――――中山銀士＋杉山健慈
印刷――――平河工業社（本文）東光印刷所（カバー、表紙、見返し、帯）
製本――――積信堂
編集協力――――原島康晴
校正協力――――岩田純子

 ISBN4-7684-7107-2

江戸末期の各藩

松前、**八戸**、七戸、黒石、**弘前**、**盛岡**、**一関**、**秋田**、亀田、本荘、秋田新田、仙台、松山、**新庄**、**庄内**、天童、長瀞、**山形**、上山、**米沢**、米沢新田、相馬、福島、**二本松**、三春、**会津**、**守山**、棚倉、平、湯長谷、泉、**村上**、黒川、三日市、**新発田**、村松、三根山、与板、**長岡**、椎谷、**高田**、糸魚川、松岡、笠間、宍戸、**水戸**、下館、結城、**古河**、下妻、府中、土浦、麻生、谷田部、牛久、大田原、黒羽、烏山、喜連川、**宇都宮・高徳**、**壬生**、吹上、**足利**、佐野、関宿、高岡、佐倉、小見川、多古、一宮、**生実**、鶴牧、久留里、大多喜、請西、飯野、佐貫、勝山、館山、岩槻、忍、岡部、**川越**、沼田、前橋、**伊勢崎**、館林、高崎、吉井、小幡、安中、七日市、飯山、須坂、**松代**、**上田**、**小諸**、岩村田、田野口、**松本**、諏訪、**高遠**、飯田、金沢、荻野山中、**小田原**、**沼津**、小島、田中、掛川、**相良**、横須賀、浜松、富山、加賀、大聖寺、郡上、高富、苗木、岩村、加納、大垣、高須、今尾、犬山、挙母、岡崎、西大平、西尾、**三河吉田**、田原、大垣新田、尾張、**刈谷**、西端、長島、**桑名**、神戸、菰野、亀山、津、久居、鳥羽、宮川、彦根、大溝、山上、西大路、三上、膳所、水口、丸岡、勝山、大野、**福井**、鯖江、敦賀、小浜、**淀**、新宮、田辺、紀州、峯山、宮津、田辺、綾部、山家、園部、亀山、福知山、柳生、柳本、芝村、郡山、小泉、櫛羅、高取、高槻、麻田、丹南、狭山、岸和田、伯太、豊岡、出石、柏原、篠山、尼崎、三田、三草、明石、小野、姫路、林田、安志、龍野、山崎、三日月、赤穂、鳥取、若桜、鹿野、**津山**、勝山、新見、岡山、庭瀬、足守、岡田、岡山新田、浅尾、松山、鴨方、福山、広島、広島新田、高松、丸亀、多度津、西条、小松、今治、松山、**大洲・新谷**、**伊予吉田**、**宇和島**、徳島、**土佐**、土佐新田、**松江**、広瀬、母里、浜田、津和野、岩国、徳山、長州、長府、清末、小倉、小倉新田、**福岡**、**秋月**、**久留米**、柳河、**三池**、蓮池、唐津、**佐賀**、**小城**、鹿島、大村、島原、平戸、平戸新田、**中津**、杵築、日出、**府内**、臼杵、**佐伯**、森、**岡**、熊本、熊本新田、宇土、人吉、延岡、高鍋、佐土原、飫肥、薩摩、対馬、五島（各藩名は版籍奉還時を基準とし、藩主家名ではなく、地名で統一した）

★太字は既刊

シリーズ藩物語・別冊『それぞれの戊辰戦争』（佐藤竜一著、一六〇〇円＋税）

江戸末期の各藩
（数字は万石。万石以下は四捨五入）